Het kleine

Deze editie is, ter gelegenheid van de boekentiendaagse 2014, tot
stand gekomen in samenwerking met De Winkels in Wijsheid:
Palaya, Den Bosch - Heremiet, Eindhoven - Pleiade, Tilburg -
Ananda, Haarlem - Ana Sofia, Zwolle.

Osho: Het kleine abc van liefde
vertaling van: Osho: Questions on Love, verkorte versie
vertaling uit het Engels: Vertaalteam Osho Publikaties
ontwerp & vormgeving: Prabhu Mayo
lay-out & typesetting: Studio 28 Hillegom, en
FTP-Focus to prepress, Zuidplas
druk support: PrintSupport4U, Meppel

ISBN 978-90-5080-115-8
NUR 765
Trefw: relaties
5e druk
© Osho International Foundation, Zurich, 2002
© Osho Publikaties, 2003, 2014
Published by arrangement with Osho International Foundation,
Bahnhofstr. 52, 8001 Zurich, Switzerland.
All rights reserved.
Osho® is a registered trademark of Osho International Foundation,
www.osho.com

Osho Publikaties
Churchillstraat 11
7091 XL Dinxperlo
tel. 0315-654 737
www.osho.nl - www.zentarot.nl

FSC
www.fsc.org
MIX
Papier van
verantwoorde
herkomst
FSC® C004472

$\mathcal{I}$nhoud

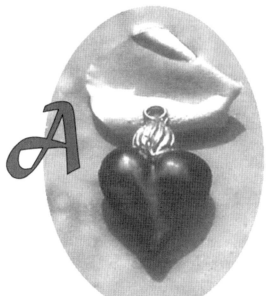

**Leef vanuit
je hart**

Respect voor jezelf

De eerste stap is jezelf te respecteren, want als je jezelf niet respecteert kun je ook niemand anders ter wereld respecteren. Zelfs God kun je niet respecteren, want zelfs God komt op de tweede plaats; jíj bent nummer één.

Houd van jezelf. Als je niet van jezelf kunt houden, kun je ook van niemand anders houden. En als je niet van jezelf kunt houden, wie kan dan wél van je houden? En als er geen liefde en respect voor jezelf bestaat, wordt de wereld een woestijn; want het is door liefde en respect dat er een tuin ontstaat in je zijn, dat je leert op de harp van je eigen hart te spelen. Dan leer je stap voor stap meer poëtisch, meer gracieus en esthetisch en gevoelig te zijn... want het leven biedt je zulke kansen, die moet je niet mislopen. Het is zo'n schat dat je die niet verkwisten moet.

Dus, de eerste en meest fundamentele stap is van jezelf te houden en jezelf te respecteren. En dat betekent niet dat je nu een egoïst moet worden. Jezelf lief te hebben schept geen ego. Bomen houden van zichzelf en zij hebben geen ego; en vogels houden van zichzelf en hebben geen ego.

Ego komt niet uit liefde voort maar uit vergelijking. Als je jezelf met anderen vergelijkt, steekt het ego de kop op. Het ego kan dan twee gezichten hebben: óf je leidt aan een minderwaardigheidscomplex, dat is de ene kant van ego, óf je leidt aan een meerderwaardigheidscomplex en dat is de andere kant van dezelfde ziekte. Maar beide ontstaan uit vergelijking.

Als ik je dus zeg van jezelf te houden, zeg ik dat dus alsof je de enige bent in het hele bestaan. Er is niemand anders, dus kun je je met niemand vergelijken. Heb geen respect voor jezelf in vergelijking, maar waardeer gewoon jezelf, zo maar jezelf. En door dat respect waardeer je het leven want jij bént het leven; en door die liefde houd je van het leven want jij bént het leven. En door die liefde en respect, respecteer en houd je van het hele bestaan.

En dan begin je in een natuurlijke richting te groeien.

Groei is niet iets dat je van buitenaf opgelegd kan worden. We hoeven slechts de omstandigheden ervoor klaar te maken en dan groeit het vanzelf. Je stopt het zaadje in de grond, voegt wat bemesting toe, geeft het water en wacht af. Je hebt de omstandigheden geschapen, je hebt een ruimte geschapen voor het zaadje, en nu moet je het aan het zaadje en aan zijn eigen natuur overlaten om te ontkiemen. Op het juiste moment zal het ontkiemen en groeien. Je hoeft het niet uit de grond te trekken, het ontkiemt uit zichzelf.

Groei vereist geen moeite, het is een natuurlijke, ontspannen gebeurtenis. Het enige wat je hoeft te doen is er de goede ruimte voor te scheppen, de goede omgeving.

Natuurlijk leven

Leef natuurlijk. Leef vredig. Leef naar binnen toe. Geef jezelf de gelegenheid alleen te zijn, stil te zijn, kijk eens wat zich in je hoofd afspeelt. Langzaam aan verdwijnen je gedachten en op een dag is het heel stil in je hoofd, zo stil alsof het er niet meer is. Net zoals deze stilte hier... je bent er niet meer, alsof de hele Boeddhahal leeg is.

Door deze stilte in je binnenste vind je een nieuwe dimensie in je leven. In deze dimensie bestaat geen hebzucht, bestaat geen seks, bestaat geen woede, bestaat geen geweld. Dat is niet jouw verdienste, het is de nieuwe dimensie achter het denken, waar zuivere liefde heerst, niet vervuild door instincten; waar mededogen zonder enige voorwaarde bestaat, zonder de belofte van een plaatsje in de hemel, want mededogen houdt in zichzelf al een beloning in.

Er ontstaat een intens verlangen de schat die je in jezelf hebt ontdekt te delen. Je zou het de mensen van de daken willen toeschreeuwen: 'Je bent niet arm! Het paradijs is binnen in je. Jullie hoeven geen bedelaars te zijn, jullie zijn als keizer geboren.'

Je hoeft slechts je eigen rijk te ontdekken en dat ligt niet in de buitenwereld. Jouw rijk bestaat in je binnenste. Het is binnen in je en daar heeft het altijd gelegen. Het wachtte alleen op je thuiskomst.

Dan komt de liefde, en wel in overvloed, het is zoveel dat je haar niet kunt binnenhouden. Je zult merken dat je aan alle kanten overloopt. Ontdek je verborgen pracht. Het leven kan gewoon een lied zijn, een lied vol vreugde.

Het leven kan eenvoudig een dans zijn, een feest, een ononderbroken feest. Het enige dat je hoeft te leren is een positieve levensstijl. Alleen iemand die positief in het leven staat, noem ik een religieus mens. Degenen die het leven negatief benaderen, denken misschien religieus te zijn, maar zijn het niet. Dat blijkt al uit hun bedruktheid en ernst.

Een werkelijk religieus mens heeft gevoel voor humor. Het is onze wereld, ons thuis. Wij zijn geen wezen. De aarde is onze moeder. De hemel is onze vader. Dit uitgestrekte universum is er voor ons en wij zijn er voor het universum.

In feite is er geen verschil tussen ons en het Al. Wij zijn er organisch mee verbonden, wij spelen in hetzelfde orkest. De gewaarwording van deze muziek van het bestaan is de enige religie die ik als waarachtig en gegrond aanvaard. Ze gebruikt geen geschreven woord, dat is niet nodig. Ze heeft ook geen standbeelden van God nodig, want ze gelooft niet in hypothesen. Er is niets om te aanbidden, er is alleen stilte en daar vloeit dankbaarheid en gebed uit voort. Het hele bestaan wordt goddelijk.

Er bestaat geen persoonlijke God. God is in alles: in de bomen, in de vogels, in de dieren, in de mensen, in de wijzen en de onnozelen. Alles wat leeft is niets anders dan goddelijkheid die op het punt staat haar vleugels uit te slaan, klaar om de vrijheid tegemoet te vliegen, de opperste vrijheid van het bewustzijn. Ja, je zult inderdaad van jezelf houden en tegelijk van de hele wereld.

Het is volmaakt in orde naar je eigen wezen te zoeken. Het is de bron van vreugde, gelukzaligheid en waarheid en liefde en alles in het bestaan wat waarde heeft. Natuurlijk is het hart nodig om bepaalde waarden uit te drukken en het denken om andere waarden uit te drukken. Je wezen is uitermate intelligent, maar intelligentie kan alleen door het denken worden uitgedrukt. Je wezen is immens liefdevol, maar liefde kan alleen door het hart tot uitdrukking worden gebracht.

Op dit moment herinner je je wezen niet. Je hebt je instrumenten bij je, zonder dat je er iets mee kunt doen. Het is net alsof je een gitaar meesleept, zonder te weten waarom je hem meesleept en waar hij voor dient.

Laat me je een heel oud verhaal vertellen.

In India bestaan zeer verfijnde muziekinstrumenten. Nergens ter wereld is men erin geslaagd die verfijning te evenaren. Nog één man die in de Himalaya woont en af en toe naar het laagland komt, bespeelt een speciaal soort veena waarvan er vroeger meer bestonden. Een dergelijk instrument werd vroeger door vele musici bespeeld, maar tegenwoordig kan alleen hij er nog op spelen. Het heet rudra veena. Rudra is een andere naam voor Shiva; Shiva speelde er altijd op. Maar om dat te kunnen vergt een langdurige discipline, jaren van oefening, wel vier tot vijf uur per dag. Dan pas kun je het instrument laten zingen.

Nu het verhaal. Sinds vele generaties stond er een vreemd muziekinstrument ergens in een huis. Niemand kon er iets mee en het stond in de weg. Iedere keer moest het worden schoongemaakt, het werd steeds stoffiger en het nam plaats in. Soms sprong er 's nachts een rat op en dat gaf dan een hoop lawaai.

Uiteindelijk besloot men: 'We hebben er niets aan, laten we het maar wegdoen.' Dus werd het instrument buiten aan de weg bij het afval gezet.

Ze waren nog niet terug of ze hoorden wonderlijk mooie muziek. Zoiets hadden ze nog nooit gehoord. Ze keerden terug en zagen, te midden van een kring mensen, een bedelaar het instrument bespelen.

De bedelaar was eigenlijk muzikant, hij bespeelde oude, antieke instrumenten. Maar omdat er bijna geen mensen waren die deze muziek begrepen, was het voor hem erg lastig iets te verdienen. Door bedelaar te worden kon hij zijn zoektocht naar oude instrumenten die wij allang hebben vergeten, voortzetten. Toen hij dit instrument zag kon hij zijn ogen niet geloven, want daar was hij al jaren naar op zoek.

De menigte was doodstil, iedereen op de weg hield halt. Toen hij ophield met spelen zeiden de mensen van het huis: 'Dat instrument is van ons.'

De bedelaar antwoordde: 'Luister goed: een muziekinstrument is van degene die erop kan spelen. Het is zijn eigendom, alleen dat telt. Jullie hebben het weggegooid en daarmee heb je een zeer waardevol voorwerp beledigd.

En wat moet je ermee? Het wordt een stofnest, je moet het schoonmaken. De ratten maken er lawaai op en verstoren je nachtrust. Dit instrument kan alleen worden bespeeld door iemand die ook andere instrumenten kan bespelen. Zo leer je het stap voor stap en dit is het laatste. Ik heb er lang naar gezocht. Alle voorgaande instrumenten heb ik gevonden, maar dit laatste instrument ontbrak nog. Je kunt het niet opeisen. Wanneer je het hier, voor dit publiek, kunt bespelen, is het van jou. Zo niet, dan behoort het mij toe.'

Muziek kan geen eigendom zijn; ze is kunst, ze is liefde. Ze is toewijding, ze is gebed. Je kunt haar niet in bezit nemen.

De transformerende kracht van liefde

Liefde is existentieel, angst is slechts de afwezigheid van liefde. De moeilijkheid met elke afwezigheid is dat je zoiets niet direct kunt aanpakken.

Angst is als duisternis. Wat kun je direct aan duisternis doen? Je kunt haar niet verwijderen, je kunt haar niet manipuleren. De enige manier om duisternis aan te pakken is het licht te laten worden. Duisternis benader je via licht. Als je wilt dat het donker wordt, doe je het licht uit; als je dat niet wilt, doe je het licht aan. Je werkt dus met licht en niet met duisternis.

Hetzelfde geldt voor liefde en angst: liefde is licht en angst is duisternis. Wanneer je door angst wordt beheerst zul je nooit tot een oplossing komen. Het is alsof je met de duisternis in gevecht bent, je raakt op den duur uitgeput, doodmoe en verslagen. En het wonderlijke is dat je verslagen wordt door iets dat er helemaal niet is! En wanneer je verslagen bent, voel je echt de kracht van de duisternis, de kracht van de angst. Je voelt de kracht van onwetendheid en onbewustheid. Ze zijn helemaal niet sterk, ze bestaan namelijk niet.

Vecht nooit met iets wat niet bestaat. Daarmee zijn alle oude religies de mist in gegaan.

Wanneer je gaat vechten met het niet bestaande ben je verloren. Je smalle stroompje bewustzijn verliest zich volledig in een niet bestaande woestijn, en die is oneindig.

Daarom moet je allereerst onthouden: maak van angst geen probleem. Het gaat om liefde. Daar kun je rechtstreeks iets aan doen, je hoeft niet af te wachten of uit te stellen. Begin met liefhebben! Liefde is een geschenk van God, of van het bestaan, welke terminologie je ook prefereert. Ben je godsdienstig opgevoed, dan gebruik je de term God. Zo niet, noem het dan het bestaan, het al of het universum.

Onthoud dat je met liefde geboren bent; het is een aangeboren eigenschap. Ruim er een plaats voor in, geef haar de gelegenheid te stromen, laat het gebeuren. We blokkeren haar, houden haar tegen. We springen zo zuinig met liefde om. Dat komt doordat we economisch hebben leren denken. Dat werkt heel goed in de buitenwereld. Wanneer je een bepaalde hoeveelheid geld hebt en je geeft er maar van weg, ben je heel gauw arm en moet je er zelf om vragen. Door geld weg te geven raak je het kwijt. Dit economische denken zit in je bloed. Het gaat op voor de buitenwereld, daar werkt het. Het geldt alleen niet voor je innerlijke wereld. Daar is een heel andere wiskunde van toepassing: hoe meer je geeft, hoe meer je overhebt; hoe minder je geeft, hoe minder je overhebt. Wanneer je helemaal niets geeft, verlies je je aangeboren eigenschappen. Ze stagneren en raken verstopt, ze raken bedolven. Wanneer ze zich niet kunnen ontplooien, verschrompelen ze en sterven af.

Het is zoals een muzikant die op zijn gitaar of fluit speelt en steeds meer tonen te voorschijn roept. Hij verliest zijn muziek niet door te spelen, hij wint erbij. Of zoals een danser: hoe meer hij danst, des te groter wordt zijn vaardigheid. Of zoals schilderen: hoe meer je het doet, des te fraaier worden je schilderijen.

Op een keer werkte Picasso aan een schilderij. Een kritische vriend vroeg hem: 'Er is iets dat mij bezighoudt en ik kan niet langer wachten met het je te vragen. Ik wil het nu weten:

je hebt honderden schilderijen gemaakt, welke is nu het beste?'

Picasso antwoordde: 'Dit, waar ik nu aan bezig ben.'

De vriend zei: 'Dit? Maar die andere dan, die je hiervoor hebt geschilderd?'

Toen antwoordde Picasso: 'Die zitten hier allemaal in. Het volgende wordt zelfs nog mooier, want hoe meer je schildert, hoe groter je vaardigheid wordt, hoe groter je kunst.'

Zo werkt liefde, zo werkt vreugde! Deel ze. In het begin lijken het dauwdruppels, omdat je zuinigheid nog stevig ingebakken zit. Maar wanneer je je dauwdruppels hebt gedeeld, stroomt er van lieverlede een zee van liefde door je heen die je helemaal kunt delen met anderen. Je hebt er onnoemelijk veel van. Pas wanneer je de hogere wiskunde van geven en ontvangen begrijpt, zie je in dat je door te geven heel veel wint. Het is niet zo dat je iets terugkrijgt; het ligt aan het geven zelf, daardoor word je rijker. Dan wordt je liefde groter en stralender. En op een dag vraag je je verbaasd af waar de angst is gebleven. Zelfs als je ernaar op zoek gaat, vind je haar niet meer.

Het is dus geen kwestie van de angst loslaten; het is nog nooit iemand gelukt angst los te laten. Het gaat er alleen om je liefde met anderen te delen, dan valt de angst vanzelf weg.

De twee gezichten van liefde.
Liefde heeft twee gezichten, net als een Januskop. Het ene kijkt naar de aarde, het andere naar de hemel. Het is de grootst mogelijke synthese, het komt voort uit lust en ontwikkelt zich tot gebed, het komt voort uit de modder en evenals de lotus richt het zich naar de zon. Het woord liefde moet je goed begrijpen. Wat bedoelen we met liefde? Over een ding zijn we het zeker allemaal eens, dat het een grote energie is en dat er een enorme aantrekkingskracht vanuit gaat. Wanneer je verliefd wordt is dat niet iets dat je zelf doet, je wordt er ingetrokken. Het heeft magnetische kracht. Je wordt aangetrokken door het voorwerp van je liefde, je hebt niets meer te vertellen. Het heeft zo'n aantrekkingskracht dat het lijkt alsof je in een magnetisch veld bent terechtgekomen. Daarom noemen de

Engelsen het 'falling in love'. Niemand wil onderuit gaan, maar net zo min kan iemand er zich tegen verzetten. Als de liefde roept ben je ineens niet meer je oude zelf. Dit gaat boven je macht, iets veel groters neemt je in bezit, het is zo'n uitdaging dat je je er hals over kop instort.

Dus ten eerste: liefde is een enorme magnetische aantrekkingkracht. Ten tweede: als je verliefd bent ben je niet meer een gewoon mens. Er vindt iets wonderbaarlijks plaats in je bewustzijn, liefde transformeert je. Een gewelddadig man die verliefd is wordt vriendelijk en teder. Een moordenaar kan zo vol mededogen zijn, dat je het moeilijk kunt geloven. Liefde is een wonder, het verandert onedel metaal in goud. Heb je wel eens gelet op het gezicht en de ogen van mensen die verliefd worden, je kunt bijna niet geloven dat het dezelfde mensen zijn. Wanneer de liefde bezit heeft genomen van hun hart, veranderen ze alsof ze opgegaan zijn in een andere dimensie, even plotseling en moeiteloos alsof ze in Gods net gevangen zijn. Liefde transformeert het gewone in het hogere, het aardse in het hemelse, het menselijke in het goddelijke.

Dus eerst deze twee punten. Ten eerste: liefde is een energieveld, daar is de wetenschap het mee eens. Ten tweede: liefde is een transformerende kracht, het helpt je gewichtloos te worden en geeft je vleugels. Je bent op weg naar het onbekende. Religieuze denkers zullen het ermee eens zijn dat liefde zowel God is als elektriciteit, dat liefde een goddelijke energie is.

De Bauls hebben liefde als uitgangspunt gekozen, omdat het de belangrijkste ervaring is in het leven van een mens. Of je nu religieus bent of niet maakt geen verschil, liefde blijft de meest essentiële ervaring in je leven. Het is de meest algemene en tegelijk de meest bijzondere. Het overkomt iedereen wel eens en als het gebeurt verandert het je. Het is gewoon en ongewoon, het is de brug tussen jou en het allerhoogste.

Onthoud de drie L'en: Leven, Liefde en Licht. Het leven is je geschonken, je bestaat. Het licht bestaat, maar je moet een brug slaan tussen leven en licht. Die brug heet liefde.

Met deze drie L'en maak je je leven heel, het wordt een manier van leven, een nieuwe manier van zijn.

Liefde komt op het moment dat je God toelaat, als je het in je eentje probeert is het gedoemd te mislukken.

Ik heb eens gehoord: Tijdens een feestje van zijn dochter wendde Mulla Nasruddin zich schuchter tot een gast waarvan hij hoorde dat die werd aangesproken met dokter. Hij vroeg bedeesd: 'Dokter, mag ik u iets vragen?' 'Natuurlijk', antwoordde de gast. 'Weet u', zei Mulla Nasruddin, 'ik heb de laatste tijd zo'n vreemde pijn hier, precies onder mijn hart.' De gast, enigszins gegeneerd, onderbrak hem en zei: 'Neemt u mij niet kwalijk Mulla, maar ik ben doctor in de filosofie.' 'O', zei Nasruddin, 'neem mij niet kwalijk.' Hij draaide zich al om, maar uit nieuwsgierigheid kwam hij nog even terug. 'Nog één vraagje dokter, kunt u mij ook zeggen wat voor ziekte dat is, filosofie?'

Inderdaad, filosofie is een soort ziekte en geen gewone ziekte ook. Het is kwaadaardiger dan kanker, gevaarlijker dan alle ziektes bij elkaar. Een ziekte valt je op een bepaalde manier aan, zelfs alle ziektes bij elkaar kunnen je niet volledig van het bestaan afsnijden. Filosofie kan dat wel, het ontwortelt je totaal. Wat is ziekte? Wanneer je niet meer verbonden bent met het bestaan, voel je je ziek. Wanneer je hoofd geen contact meer heeft ontstaat er hoofdpijn, als je maag geen contact meer heeft krijg je maagpijn. Op de een of andere manier ben je het contact kwijtgeraakt, je bent niet meer opgenomen in de zee van wederzijdse afhankelijkheid van het bestaan. Dan word je ziek. Ziekte heeft een zekere autonomie, een zekere onafhankelijkheid. Wanneer je een kankergezwel hebt, wordt dat gezwel een wereld op zich, het heeft geen band met het bestaan. Een ziek mens heeft in veel verschillende opzichten het contact verloren en wanneer een bepaalde ziekte chronisch wordt, betekent het dat de verbinding volledig verbroken is, het contact niet meer hersteld kan worden. Je blijft slechts gedeeltelijk leven, het andere deel is afgestorven. Iemand die verlamd is, wat betekent dat?

Het lichaam heeft het contact met de universele energie verloren. Het is eigenlijk al dood, slap, ontworteld, de levenssappen stromen niet meer.

Als dat ziekte is, dan is filosofie werkelijk de ernstigste ziekte die er bestaat, het verbreekt al je verbindingen. En niet alleen dat, maar het doet dat met zulke logische argumenten, dat je er nooit achter komt dat je ziek bent. Het rechtvaardigt en rationaliseert op zo'n manier dat je nooit in de gaten krijgt wat je mist. Het is een ziekte die zichzelf rechtvaardigt, zichzelf voedt. Filosofie is een visie waarbij de mens volstrekt cerebraal functioneert. Hij bekijkt het bestaan door de bril van de logica en niet met de ogen van liefde.

Als je door de bril der logica kijkt, levert je dat een beetje kennis op. Maar die kennis biedt geen kijk op de werkelijkheid, het biedt slechts bedenksels. Als je met de ogen van liefde kijkt, zie je de realiteit zoals zij is. Liefde valt samen met de kosmos, er ontstaat een samenzijn, het is orgastisch. Je stroomt en het bestaan stroomt altijd. Beide stromen ontmoeten elkaar, vermengen zich en gaan in elkaar op. Er ontstaat een hogere synthese, het deel lost op in het geheel en het geheel versmelt in het deel. Dan wordt er iets geboren dat meer is dan de som van het deel en het geheel samen – dat is wat liefde is. Liefde is een van de belangrijkste woorden in de taal, want liefde ís existentiële taal. Maar al heel jong worden we stukje bij beetje kreupel gemaakt, worden de wortels uit ons hart losgerukt. We worden richting hoofd gedwongen en verhinderd naar ons hart te gaan. De mensheid lijdt hier al heel lang onder, het is een ramp dat we nog steeds niet in staat zijn in liefde te leven.

Er zit natuurlijk iets achter. Liefde is riskant, liefde betekent jezelf in gevaar brengen, want je hebt het niet in de hand, het is niet betrouwbaar. Het is onvoorspelbaar, niemand kan zeggen waartoe het leidt. En of het je überhaupt ergens brengt is ook nog maar de vraag. Je tast echt in het duister, maar alleen in die duisternis kunnen zich wortels ontwikkelen.

Als de wortels van een boom bang zouden zijn in het donker en niet ondergronds zouden willen groeien, sterft de boom. Zij moeten dus in het donker blijven, zij moeten hun weg vinden tot in de diepste lagen van de bodem, op zoek naar water en voeding.

Waarom lijkt het alsof je sterft wanneer je verliefd bent?

Omdat het ego, het onechte sterft.

Liefde opent de deur naar de werkelijkheid. Liefde is de drempel van de tempel. Liefde opent je voor God. Het brengt grote vreugde, maar tegelijk brengt het ook grote angst, je ego verdwijnt. En daar heb je veel in geïnvesteerd. Je hebt ervoor geleefd, je bent ervoor opgeleid en geconditioneerd. Je ouders, je priesters, je politici, je opvoeding, je school, je hogeschool, je universiteit, allen hebben zij eraan bijgedragen je ego te vormen. Zij hebben je ambitie gekweekt, het zijn ambitiefabrieken. En op een dag merk je dat je wordt onderuit gehaald door je eigen ambities, gevangen zit door je eigen ego. Je lijdt eronder, maar je hebt je hele leven geleerd dat dat de moeite waard is, dus houd je eraan vast. Je lijdt en je klampt het vast. En hoe meer je je vastklampt, hoe meer je eronder lijdt.

Zo nu en dan komt God voorbij en klopt bij je aan. Dat is liefde, God die aanklopt. Misschien als vrouw, misschien als man, als een kind, als een verliefdheid, als een bloem, een zonsondergang, een zonsopgang – God gebeurt in duizenden gedaanten. Maar als hij aanklopt krijg je het vreselijk benauwd. De priester, de politicus, je ouders, je hele kunstmatige ego, alles staat op het spel. Je voelt dat het eraan gaat, je doet een stap terug. Je wacht even, je doet je ogen dicht, je doet je oren dicht, je wilt het kloppen niet horen. Je trekt je terug in je hol, je doet je deur op slot.

Liefde lijkt op sterven, dat klopt. En als je werkelijk gelukkig wilt worden, moet je door die dood heengaan, want wederopstanding is alleen mogelijk als je gestorven bent.

Jezus heeft gelijk als hij zegt dat je je kruis op je schouders moet nemen. Je zult moeten sterven. Hij zegt: 'Tenzij je herboren wordt zul je mijn koninkrijk niet binnengaan, zul je niet begrijpen wat ik je leer.' En ook: 'Liefde is God.' Hij heeft gelijk, liefde is de drempel.

Sterf aan de liefde. Het is onnoemelijk veel mooier dan te leven in ego. Het is ook veel waarachtiger dan in het ego te leven. Leven in ego betekent dood in de liefde, sterven van ego is leven in liefde. Denk eraan: als je voor ego kiest, kies je voor de echte dood, want het is de dood van de liefde. Wanneer je daarentegen voor liefde kiest, kies je slechts voor een schijnbare dood. Door als ego te sterven verlies je helemaal niets, je bezat van aanvang aan niets.

Een ander liefhebben

Liefde is vloeien

Wanneer je voelt dat je energie ergens geblokkeerd is, is dat de sleutel om het weer te laten doorstromen. Zoek een ding waarvan je houdt, wat dan ook, het is slechts een voorwendsel. Als je vol liefde een boom kunt aanraken, begint je liefde te stromen. Want als ergens liefde is, begint je energie daarheen te stromen. Net als water dat naar beneden loopt – waar de zee zich ook bevindt, water zoekt het zeeniveau en stroomt daar altijd heen.

Net zo zoekt energie het liefdesniveau, waar zich dat ook bevindt.

Neem met een diepe liefde en gevoel een steen in je hand. Doe je ogen dicht en voel een diepe liefde voor de steen... dankbaarheid dat deze steen bestaat, dankbaarheid dat het je liefde wilt aannemen. En plotseling zie je hoe er zich kloppend energie in beweging zet. Na enige tijd heb je eigenlijk geen voorwerp meer nodig – alleen het idee dat je van iemand houdt en de energie stroomt al. En uiteindelijk heb je dat idee zelfs niet meer nodig; je voelt je liefdevol en de energie komt in beweging. Liefde is stromen, en als we ons bevroren voelen is dat omdat we niet liefhebben.

Liefde is warmte, en als er warmte is kan niets bevroren blijven. Als er geen liefde is, is alles koud; je raakt onder nul.

Dus is één van de belangrijkste dingen om te onthouden, dat liefde warmte is – net als haat; onverschilligheid is koud. Zo gebeurt het soms dat als je haat, je energie begint te stromen. Die stroom is natuurlijk destructief. In woede begint energie ook te stromen, en daarom voelen mensen zich soms zo goed na een woedeaanval... er is iets losgekomen. Het is heel destructief. Het had creatief kunnen zijn als het door liefde was vrijgekomen, maar toch is het beter dan als het niet was losgemaakt. Als je onverschillig bent, stroom je niet.

Je eerste keuze behoort altijd liefde te zijn, en als dat niet mogelijk is, is je tweede keus woede. Dit zijn je enige twee keuzes.

Probeer eens gewoon stil te zitten en je liefdevol te voelen – niet naar iets of iemand toe. Blijf in zo'n liefdevolle bui gewoon stil zitten, vol liefde en je zult zien dat het begint te stromen. Dan weet je wat de sleutel is: liefde is de sleutel – liefde is stromen.

Wanneer ik een relatie heb is die of sterk seksueel getint zonder werkelijke liefde en zorg, of ik heb echt lief en ben zorgzaam, maar dan ontbreekt de seks. Ik zou er zo graag totaal in willen zijn.

Het is een van de oudste problemen waar de mens mee worstelt. Het ideaalbeeld bestaat uit zuivere liefde, zorg en aandacht, maar je biologie stuurt je een andere richting op. Het heeft geen boodschap aan echte liefde of zorg, het heeft belang bij voortplanting.

Je biologie is puur seksueel. Daarom gaat het mis wanneer je je liefde op een niet-biologische wijze wilt beleven. Maar het zit nog ingewikkelder in elkaar.

De vrouw kan eventueel nog wachten, omdat haar seksualiteit van passieve aard is, haar hele lichaam is erbij betrokken. Zij geniet al volop wanneer zij wordt aangehaald, bemind wordt en aandacht krijgt. Seks is voor haar iets van een lagere orde, meer dierlijk.

Maar de man is er ook nog. Hij beleeft zijn seksualiteit sterk plaatselijk. Ten eerste voelt hij het niet met zijn gehele lichaam en ten tweede is hij agressiever. Het eitje wacht af, diep in het vrouwelijk lichaam, het kan eindeloos wachten. Maar het mannelijk sperma heeft niet zoveel tijd. Het wil zo snel mogelijk met de wedstrijd beginnen. Daarom doet de man zich romantisch voor, is lief en aardig, maar hij wil maar één ding. Dat houdt hij voortdurend in het oog, al het andere is ook oké, maar alleen dát is waar hij echt op uit is.

De hele zaak is ook in een oogwenk bekeken, die één miljoen zaadcellen die vrijkomen tijdens een geslachtsdaad zullen later nooit meer aan zo'n marathonrace meedoen. Het is een kwestie van leven en dood. Slechts eentje slaagt erin het eitje te bereiken dat daar rustig afwacht. Is dat gebeurd dan sluit het eitje zich voor alle anderen. Soms gebeurt het dat een paar vrienden tegelijk aankomen, dan ontstaat er een tweeling, maar dat is een uitzondering. In ieder geval zijn er een miljoen mensen die het doel niet bereiken. Gelukkig maar, want de vrouw zou het niet overleven. Ook hier zijn er verstandige types die aan de kant blijven staan en het geheel aankijken en er zijn idioten die als een speer vooruitschieten omdat er maar zo weinig tijd is. Buiten het lichaam van de man kan het zaadje maar twee uur overleven.

Na de ejaculatie wil de man slapen. Hij is moe en het is wel genoeg zo. Er is geen sprake meer van romantiek, hij heeft geen ingebouwd programma voor een beetje naspel, het voorspel had hij wel nodig. Binnen een of twee minuten voelt hij al niets meer voor al die 'onzin'. Het is natuurlijk ook vermoeiend voor hem, al zijn energie is weggelopen.

De vrouw raakt geen energie kwijt, zij ontvangt het, terwijl zij zelfs geen orgasme heeft bereikt, want dat kost tijd. De man had met haar lichaam moeten spelen, iedere cel en spier van haar lichaam moeten prikkelen zodat ze in vuur en vlam komt te staan. Maar mannen maken zich daar meestal niet druk over, het ziet er ook zo stom uit: 'Waar ben jij nou mee bezig, maak een beetje voort en ga slapen.'

Het is heel moeilijk een man te vinden die van je houdt en niet alleen voor de seks. Dit betekent niet dat er geen seks meer zal zijn. Seks kan een klein deel uitmaken van een veel grotere liefdevolle, verzorgende en romantische relatie. Het is erg moeilijk zo'n man te vinden en ondertussen word je steeds ouder.

Het eenvoudigste is je seksuele relaties te hebben met mensen die niet romantisch zijn en je vriendschap te bewaren voor diegenen voor wie seks niet meer zo belangrijk is. Jij zult je leven zo moeten inrichten, of je moet de man veranderen. Maar het is niet alleen de verantwoordelijk van de man om van je te houden, je te verzorgen, je te begrijpen en te beminnen, ook jij hebt hier een verantwoordelijkheid. Het is een kwestie van een heel subtiele dialoog.

Wanneer je liefdevol en zorgzaam bent, wek je ook in de man een zekere synchroniciteit op. Dat is de kunst van het liefhebben. De natuur is eraan voorbij gegaan, die heeft andere belangen. Maar de poëzie van je hart, je persoonlijkheid hunkeren naar meer. Die kunnen onmogelijk tevreden zijn met alleen maar biologie.

Denk er aan, blijf niet alleen maar zoeken naar die man, maar zorg ook van jouw kant voor de omstandigheden.

Ik hoorde laatst: Een man vertelde dat hij de hele wereld had rondgereisd op zoek naar de perfecte vrouw. Iemand vroeg hem: 'En, heb je haar gevonden?' Hij antwoordde: 'Ja, maar zij was op zoek naar de perfecte man.'

Creativiteit is een uiting van liefde.
Liefde moet creatief zijn, slechts dan maakt seksualiteit er een gepast deel van uit. Volgens mij is het meer in de aard van de vrouw om voor een zorgzame atmosfeer te zorgen, want zij is van nature een moeder. Iedere vrouw moet ook als een moeder voor haar geliefde zijn. Zorg dus voor hem, voor zijn kleding, zijn eten, ruim voor hem op en langzamerhand zullen de man en zijn natuurlijke hardheid ontdooien. Hij zal uiteindelijk ook denken: 'Zij doet zoveel voor mij, ik zal ook maar eens iets terugdoen.' En dan staat hij zeker op een dag voor je en heeft een ijsje voor je meegebracht

het daarna weer te lozen. Dat is gekkenwerk. Eerst eten, ademhalen, bezig zijn en energie opwekken en dan weet je niet wat je ermee aanmoet, dan gooi je het er maar weer uit. Dat is zinloos en onzinnig.

Seks wordt al heel gauw zinloos. Als men alleen lichamelijke liefde kent en niet de diepere dimensies van liefde, leeft men mechanisch. Dan wordt seks slechts een herhaling van voortdurend hetzelfde en hetzelfde en hetzelfde. Seks voedt niet, het is vernietigend en pas bij liefde wordt het een creatieve energie.

Tenzij seks intensiever beleefd gaat worden en wordt getransformeerd tot liefde, lukt dat ook niet. Dan moet men zijn toevlucht nemen tot drugs, of men wil of niet. Zelfs twijfel helpt niet, want het oude middel seks werkt niet meer. Het is niet achterhaald omdat het niet werkte, maar omdat men er zo oppervlakkig mee om is gegaan, men is nooit diep in het mysterie doorgedrongen.

Men weet hooguit iets over zogenaamde romantische liefde, dat is ook geen liefde, maar onderdrukte seks. Als je niet in staat bent seksuele contacten te onderhouden, wordt je opgekropte energie romantiek. Dan wordt die energie cerebraal en stijgt naar je hoofd. Wanneer seks zich van de geslachtsorganen naar het hoofd verplaatst, verandert het in romantiek. Romantische liefde is geen echte liefde, het is onecht, het is een wassen neus. Het blijft gewoon seks die zich niet kon uitleven.

Seks is kortstondig, liefde heeft meer de tijd, het stroomt verder. Mededogen is eeuwig, tijdloos. Dan maakt het niet uit of er iemand aanwezig is of niet. Er is alleen mededogen. Alleen, gezeten onder de bodhiboom, is Boeddha net zo liefdevol als wanneer hij omringd is door zijn discipelen. Hij is net zo liefdevol in de menigte als alleen. Liefde ís nu.

Wanneer je van seks naar liefde wilt groeien, probeer dan je eigen seksualiteit te begrijpen. Houd het goed in de gaten en zie hoe mechanisch het is. Zie het zinloze, zie de dwaasheid, het brengt je nergens. Word een beetje verfijnder, word wat subtieler. Kijk niet naar het lichaam, maar naar iemands wezen. Kijk en onderzoek, en vroeger of later vind je iemand die bij je past. Het kan liefde op het eerste gezicht zijn, want als energieën klikken, dan klikken ze. Zo niet, dan wordt het niets. Je kunt er je hele leven mee worstelen, maar het lukt toch niet. Als het past, dan past het. Het is vreselijk dat het huwelijk de liefde heeft verdreven, uit de wereld heeft geholpen. Een huwelijk wordt gesloten om andere redenen; om geld, om familie, om prestige, om astrologie, om allemaal onzin. Dat heeft allemaal niets te maken met het hart van de twee mensen die gaan trouwen.

Daarom loopt een huwelijk bijna altijd uit op een mislukking, slechts in uitzonderlijke gevallen gaat het goed, maar het blijven uitzonderingen. Die tellen niet mee. Een huwelijk lijdt altijd schipbreuk, omdat het om verkeerde redenen wordt gesloten. Alleen liefde kan de basis vormen voor een echt huwelijk, anders gaat niet. Er is geen andere weg om erachter te komen of je op dezelfde golflengte bent als de ander, of je elkaar verstaat. Er is geen andere manier om dat uit te vinden.

Astrologie helpt niet, ook aanzien en familie niet. Helemaal niets helpt. Het enige dat belangrijk is, is dat twee mensen zodanig op elkaar zijn afgestemd dat hun vibraties een patroon vormen, een harmonie. Alleen de vibes beslissen.

In een betere wereld zijn mensen in staat rond te kijken, te ontmoeten en zoveel rond te kijken dat zij werkelijk iemand vinden met wie het klikt, met wie het té gek is. Iemand die juist dát heeft dat past, iemand die je heel maakt en vervult.

Liefde is mogelijk. Als de samenleving een beetje gezonder is en wat minder pervers, dan is liefde mogelijk. In een goede gezonde maatschappij is liefde natuurlijk. In een ontaarde maatschappij, in de maatschappij waarin wij leven en waarin de hele wereld leeft, is liefde onmogelijk geworden. Er is alleen seks over. Maar mededogen is alleen mogelijk wanneer je je volledig inzet meditatief te zijn, anders niet.

Seks is nog geen liefde

Wat betekent het eigenlijk seks te transcenderen? Waarom vraag je dat eigenlijk? Waarom wil je seks transcenderen? Je gebruikt een prachtig woord transcenderen, maar er is negenennegentig procent kans dat je bedoelt: 'Hoe kan ik seks onderdrukken?'

Als je begrijpt dat je seks moet transcenderen maak je je er helemaal niet druk over, want transcendentie komt vanzelf na ervaring. Het is niet iets dat je kunt doen of dat je hoeft te doen. Je beleeft al je ervaringen en daardoor wordt je meer en meer volwassen.

Heb je gemerkt dat op een bepaalde leeftijd seks belangrijk gaat worden? Jij maakt het niet belangrijk, maar het is iets dat gebeurt. Op de leeftijd van ongeveer veertien jaar word je overspoeld door seksuele energie, alsof er een sluis wordt opengezet. Een heel reservoir aan energie dat tot dusver gesloten was, opent zich en je hele wezen wordt seksueel, raakt seksueel gekleurd. Je denkt aan seks, je zingt over seks, je lopen is seksueel, alles wordt seksueel. Al je handelingen worden seksueel en het gebeurt vanzelf, je hoeft er niets voor te doen. Het is natuurlijk en het transcenderen van seks gaat ook vanzelf. Wanneer je je seks volledig hebt uitgeleefd, zonder veroordeling en zonder het vooropgezette idee ervan af te zijn, dan zo rond de leeftijd van tweeënveertig, net zoals iets gebeurde toen op je veertiende jaar het hele reservoir seksuele energie openging, zo zullen de sluizen zich zo om en nabij de tweeënveertig weer sluiten. En dat gaat net zo natuurlijk als toen je seks tot leven kwam.

Seks gaat, zonder enige inspanning van jouw kant over. Als je er ook maar enige moeite voor zou doen wordt het onderdrukking, want het heeft gewoon niets met jou te maken. Het is ingebouwd in je lichaam, in je biologie. Je bent geboren als een seksueel wezen en daar is niets mis mee. Dat is de enige manier om geboren te worden. Mens zijn wil zeggen seksueel zijn. Toen je werd verwekt zaten je vader en moeder niet te bidden, zij luisterden niet naar de preek van de dominee. Zij waren niet in de kerk, zij waren aan het vrijen. Toch blijf je het moeilijk vinden dat je vader en moeder de liefde bedreven tijdens je verwekking. Ze waren aan het vrijen en hun seksuele energieën vloeiden in elkaar over. Toen ben je geconcipieerd, uit dat intense seksuele contact ben jij ontstaan. De eerste cel was een sekscel en daaruit ontstonden alle andere cellen. Maar iedere cel blijft in wezen seksueel. Je hele lichaam is seksueel en bestaat uit miljoenen sekscellen.

Onthoud dat je een seksueel wezen bent. Wanneer je dat eenmaal hebt geaccepteerd verdwijnt het conflict dat eeuwenlang gecreëerd is. Wanneer je dat totaal, zonder enige bijgedachte hebt geaccepteerd, wanneer je seks als puur natuur ervaart, kun je het uitleven. Je vraagt me ook niet hoe je eten kunt afschaffen, je vraagt me niet hoe je ademhalen kunt overstijgen? Omdat geen enkele religie je heeft geleerd ademhalen te transcenderen, daarom! Anders zou je vragen: 'Hoe moet ik mijn ademhaling transcenderen?' Je haalt adem! Je bent een ademend dier en je bent ook een seksueel dier. Maar er is een groot verschil. De eerste veertien jaar van je leven zijn bijna niet seksueel. Hooguit wat seksueel getinte spelletjes, die niet echt seksueel zijn, eerder een voorbereiding, een beetje oefenen, dat is alles. Maar op de leeftijd van veertien jaar barst de energie los.

Kijk maar als een kind geboren wordt, onmiddellijk, binnen drie seconden moet het gaan ademen anders gaat het dood. Dan gaat het zijn hele verdere leven door, want het ontstond bij het begin van het leven. Het is niet mogelijk het te overstijgen. Misschien voordat je sterft, zo'n drie seconden voordat je sterft, misschien stopt het dan, maar niet eerder. Onthoud altijd dat beide uitersten van het leven, het begin en het einde precies hetzelfde zijn, ze verlopen symmetrisch. Bij zijn geboorte begint het kind binnen drie seconden te ademen. Wanneer het kind oud is en sterft zal het binnen drie seconden nadat hij ophoudt met ademen dood zijn.

Seks komt veel later, veertien jaar lang leefde het kind zonder seks. En als de samenleving het niet al te onderdrukkend is en daardoor geobsedeerd door seks, blijft het kind totaal onwetend van het feit dat er seks of iets dergelijks is. Het kind kan compleet argeloos blijven. Die onschuld bestaat nu ook niet meer, omdat mensen zo onderdrukt zijn. En waar onderdrukking is, daar is obsessie.

Seks transcendeert niet door je eigen inspanning. Het voltrekt zich vanzelf als je het totaal hebt uitgeleefd. Laat dus al die negatieve houdingen varen, die hele afkeuring van het leven en aanvaard het feit: seks ís, dus waarom denk je dat jij dat kunt loslaten? En wie is het die probeert los te laten? Het is je ego. Onthoud goed dat seks het grootste probleem voor het ego is.

Er zijn twee soorten mensen: de heel egoïstische types die altijd tegen seks zijn en de bescheiden types die dat niet zijn. Maar wie luistert er naar bescheiden types, bovendien staan zij niet te prediken, dat doen alleen de egoïsten. Waarom bestaat er een conflict tussen seks en ego? Omdat seks een van de dingen in je leven is waarin je niet egoïstisch kan zijn, waarin de ander belangrijker wordt dan jezelf. Je vrouw, je man wordt veel belangrijker dan jij. In elke andere situatie blijf je zelf het belangrijkst. In een liefdesrelatie wordt de ander heel, heel belangrijk, vreselijk belangrijk. Jij wordt een satelliet en de ander de kern. En hetzelfde gebeurt bij de ander, jij wordt de kern en de ander wordt een satelliet, het is wederzijdse overgave. Beiden geven zich over aan de God van de liefde en beiden worden bescheiden.

Seks is de enige energie die je eraan herinnert dat er iets is waar je geen controle over hebt. Geld kun je onder controle houden, politiek kun je onder controle houden, de markt kun je onder controle houden, kennis, wetenschap en moraal. Op de een of andere manier veroorzaakt seks een totaal andere sfeer die je niet onder de duim kunt houden. En het ego is de grote baas, het voelt zich goed wanneer het kan bedillen, en gefrustreerd als er iets ontsnapt. Dus is er een conflict tussen ego en seks. Het is bij voorbaat een verloren zaak. Het ego kan niet winnen omdat het ego maar heel oppervlakkig is, seks is heel diep geworteld. Seks is je leven, ego is alleen maar je denken, het zit in je hoofd. Seks heeft z'n wortels overal, het ego wortelt in je gedachten, heel oppervlakkig alleen maar in je hoofd.

Dus wie probeert er nu seks te overstijgen? Dat is het hoofd. Dus als je teveel in je hoofd zit, wil je seks overwinnen, want seks herinnert je aan je instincten. Je wordt gedwongen uit je hoofd te gaan. Van daaruit kun je alles regelen, behalve seks. Je kunt niet vrijen met je hoofd. Je moet naar beneden komen, afzakken, dichter bij de aarde komen. Seks vernedert het ego, dus zijn egoïstische mensen er altijd tegen, altijd tegen seks. Zij blijven naar een methode zoeken om het te overstijgen, maar dat lukt ze nooit. Zij kunnen hoogstens pervers worden, want al hun pogingen zijn van begin af aan gedoemd te mislukken.

Transcendentie is geen onderdrukking. Transcendentie is een natuurlijk ontgroeien, je groeit er bovenuit, je gaat eraan voorbij zoals een zaadje openbarst en ontspruit boven de grond. Wanneer seks verdwijnt, verdwijnt het zaadje. Seks geeft je de kracht iemand, een kind het leven te schenken. Wanneer seks verdwijnt schenkt de energie jou een nieuw leven.

Twee gezichten van de munt: liefde/haat

Het is een probleem waar alle geliefden mee worstelen want liefde brengt beide, geen roos zonder doornen. Dat gaat altijd samen. Liefde is als een rozenstruik. Je wilt de doornen niet, je wilt een doornloze rozenstruik. Maar ze gaan samen, zij zijn verschillende kanten van dezelfde energie.

Liefde en haat gaan hand in hand. In feite zijn het geen twee begrippen. Het is de taal die je op het verkeerde been zet. We zouden begrippen als liefde en haat niet moeten gebruiken, we zouden liefdehaat moeten zeggen; het is één woord. Er zou niet eens een streepje tussen moeten staan: liefdehaat, zelfs geen streepje. Want dat geeft aan dat het om twee dingen gaat, die je verbindt. Zij zijn één, lichtduisternis, zij zijn één, levendood, zij zijn één. Dat was altijd een groot probleem voor het verstand. Maar wat kun je eraan doen? Wanneer er liefde groeit, groeit ook de haat.

Er zijn dus maar twee mogelijkheden, of je staat toe dat de haat gelijk opgaat met de liefde, of je doodt de liefde tezamen met de haat. En tot dusver is altijd voor het laatste gekozen. Alle religies hebben voor het tweede alternatief gekozen, haat moet verdwijnen, zelfs ten koste van de liefde; haat moet de kop worden ingedrukt, woede moet verdwijnen. Dus prediken ze voortdurend liefde en gaan door met te zeggen dat je niet moet haten. Hun liefde wordt onecht, allemaal loze woorden. Christenen praten alsmaar over liefde – het is de grootste bedriegerij ter wereld.

Zo is het leven, de tegendelen tezamen. Het leven is niet eenzijdig, het heeft beide kanten nodig, een positieve én een negatieve pool, man én vrouw.

Kun je je een wereld voorstellen met alleen mannen? Het zou een dode wereld worden. Mannen en vrouwen, zij vormen de twee polen, zij bestaan tezamen. In feite is het niet goed om van man of vrouw te spreken, zeg manvrouw zonder verbindingsstreepje. Zij horen bij elkaar.

Er is niets verkeerd aan haat wanneer het deel is van liefde.

Groei in liefde en groei in haat, laat het deel uitmaken van je liefde. Plaats liefde niet tegenover haat. Ik leer je lief te hebben met haat, dan vindt er een transformatie plaats van energie. Je haat zal zo prachtig zijn, het krijgt dezelfde kwaliteit als liefde. Soms moet je woedend zijn. Als je werkelijk vol mededogen bent, gebruik je woede om mededogen uit te drukken.

Bedenk dat er altijd sprake is van polariteit. De kunst is de tegendelen in harmonie te laten samengaan. De oude manier was om ze te scheiden: vergeet de haat en probeer lief te hebben zonder haat. Maar dan wordt liefde onecht omdat de ware energie er niet is. Je bent zo bang voor de liefde, omdat je voelt dat er onmiddellijk haat mee gepaard gaat. En bang voor die opkomende haat, onderdruk je ook de liefde. Dan praat je over liefde, maar heb je niet echt lief. Je liefde is alleen maar een mooi praatje, kletskoek, niet levend en waarachtig.

Ik wil niet dat je zomaar mensen gaat haten. Ik wil dat je liefhebt en je liefde laat groeien. Natuurlijk groeit de haat mee. Maak je er niet druk om. Je gaat door met in liefde te groeien en de haat zal erin worden opgenomen. Liefde is zo immens dat het haat kan absorberen. Mededogen is zo groot, zo veelomvattend, dat een klein beetje woede met gemak kan worden opgenomen. En dat is prima. Echt waar, mededogen zonder woede is als eten zonder zout. Het mist de prikkel, de smaak. Het is smakeloos, zouteloos.

Natuurlijk, het negatieve gaat gelijk op met het positieve.

Liefde is zo buitengewoon, zo geweldig dat je je niet druk hoeft te maken over haat. Laat haat er deel van uitmaken, laat het groeien, dan word je pittiger. Mededogen schept onmetelijke ruimte, een klein deel van die uitgestrekte hemel kan plaats bieden aan woede – dat kan geen kwaad. Woede hoort bij mededogen. Woede moet niet apart worden gezet, het is een kant van mededogen. Haat moet deel uitmaken van liefde. Dood moet deel uitmaken van leven, pijn van plezier, ellende van feest en geluk, duisternis van licht. En dan is er niets verkeerd, dan bestaat er geen zonde. Zonde is een deel van deugd.

Het leven moet niet eentonig zijn, maar een harmonie van klanken. Een enkele toon, hoe mooi ook, verveelt. Akkoorden die in elkaar vloeien en uit elkaar vallen en harmonisch samenklinken, creëren schoonheid. De schoonheid ligt noch in het positieve, noch in het negatieve, de schoonheid is gelegen in de harmonie. Ik herhaal, schoonheid ligt noch in waarheid, noch in leugen. Schoonheid ligt niet in mededogen en ook niet in woede, schoonheid ligt in de eenheid. Waar tegenstellingen samengaan, is de tempel van het goddelijke. Als tegenstrijdigheden elkaar ontmoeten, klinkt het crescendo van het leven.

Leven in dualiteit

Niemand is een eiland. Dat moet je in gedachten houden, want het is een van de elementaire waarheden van het leven. Ik leg er de nadruk op omdat we de neiging hebben het te vergeten. We maken allemaal deel uit van één levenskracht, van één oceanisch bestaan. In principe wordt liefde mogelijk doordat we diep in onze wortels één zijn. Als we niet één waren, zou er geen liefde mogelijk zijn.

Je kunt een huis mooi vinden, maar je kunt het niet liefhebben. Je kunt allerlei dingen mooi vinden, maar 'liefde' is geen passend woord om aan te duiden dat je iets mooi vindt. Liefde is alleen voorbehouden aan mensen die op dezelfde trap in de evolutie staan.

Het tweede punt dat je moet onthouden is dat de evolutie werkzaam is via polariteiten. Net zoals je niet op één been kunt lopen – je hebt twee benen nodig om te lopen – heeft het bestaan tegengestelde polen nodig: man en vrouw, leven en dood, liefde en haat om momentum op te bouwen. Anders heerst er stilstand.

Je tegenpool trekt je aan de ene kant aan en aan de andere kant geeft hij je een gevoel van afhankelijkheid. En niemand wil afhankelijk zijn. Daarom heerst er tussen geliefden een onafgebroken strijd: ze proberen elkaar te domineren. In naam is het liefde, maar in werkelijkheid is het een politiek spel.

Liefde kan alleen bestaan in gelijkheid, in vriendschap.
Liefde kan alleen in gelijkwaardigheid bestaan, in vriendschap.

Door de bevrijding van de vrouw uit de mannelijke slavernij, kan ook de man een bevrijding ervaren. Ik zeg dus dat de vrouwenbevrijdingsbeweging niet alleen de bevrijding van vrouwen betekent, het is ook de mannenbevrijdingsbeweging. Ze worden allebei bevrijd. De slavernij ketent hen allebei en er heerst een onafgebroken strijd. De vrouw heeft haar eigen strategieën ontdekt om de man het leven zuur te maken, aan zijn hoofd te zeuren, hem te kleineren; de man heeft ook een strategie. En wij maar hopen dat tussen deze twee kemphanen liefde ontstaat. Eeuwen zijn voorbijgegaan – en er is geen liefde ontstaan, of slechts af en toe.

Dit is de situatie van de gewone liefde die alleen in naam bestaat, niet in werkelijkheid.

Als je naar mijn opvatting van liefde vraagt... dan is het niet langer een kwestie van dialectiek, van tegenstellingen. Man en vrouw zijn verschillend en vullen elkaar aan. De man op zich is de helft, de vrouw eveneens. Alleen samen, in een diepgaand gevoel van eenheid, voelen ze zich voor het eerst volledig, volmaakt. Maar om die perfectie te bereiken moet je de haat-liefdedualiteit overstijgen.

En je kunt die dualiteit overstijgen. Op dit moment gaan ze in je leven hand in hand: voor dezelfde persoon voel je liefde, maar ook haat. Dus 's morgens is het haat, 's avonds is het liefde – en het is erg verwarrend. Je begrijpt niet eens of je van de persoon houdt of dat je hem haat, want om beurten vindt het beide plaats.

Maar zo functioneert je denken nu eenmaal, via tegenstrijdigheden. De evolutie werkt ook via tegenstellingen – en die tegenstellingen in het bestaan zijn geen tegenstrijdigheden, ze vullen elkaar aan. Maar in je denken zijn tegenstrijdigheden tegenstrijdigheden. Het denken kan zich niets voorstellen dat niet tegenstrijdig is, dat geen tegenovergestelde heeft dat erachter verscholen ligt.

In het hart vind je de overstijging van de dualiteit.
En er is ons verteld, geleerd, we zijn zo geprogrammeerd dat zelfs zoiets als liefde iets van het denken moet zijn. In werkelijkheid komt liefde uit het hart, maar onze hele samenleving heeft geprobeerd het hart te passeren, want het hart is niet logisch, is niet rationeel. En ons denken is door onze opvoeding zo afgericht dat al het onlogische verkeerd is, dat al het irrationele verkeerd

is, dat alleen het logische goed is. In onze scholing is geen plaats voor het hart, het denken is alles. Het hart moet praktisch uit ons bestaan verwijderd worden, het moet het zwijgen worden opgelegd. Het heeft nooit de kans gekregen om te groeien, om zijn potentieel te verwezenlijken. Daarom wordt alles beheerst door het denken.

Denken is goed als er geld in het spel is; denken is goed als er oorlog in het spel is; denken is goed als het om ambities gaat – maar denken heeft totaal geen nut als er liefde in het spel is. Geld, oorlog, verlangens, ambities – je kunt liefde niet in dezelfde categorie plaatsen.

Liefde heeft een eigen bron in je wezen, waar niets met elkaar in strijd is.

Een echte opvoeding zou je niet alleen leren denken, want het denken kan je een goede boterham geven, maar geen goed leven. Het hart kan je geen goede boterham geven, maar wel een goed leven. En er is geen reden om tussen deze twee te kiezen. Gebruik je denken waarvoor het bedoeld is en gebruik je hart waarvoor het bedoeld is.

Het hart is de overstijging van dualiteit.
Het hart kent geen jaloezie – dat is een product van het denken. Het hart is zo boordevol liefde dat het lief kan hebben zonder bang te hoeven zijn dat het uitgeput raakt. We kunnen de hele wereld met liefde vullen.

Het hart weet niets af van het verleden, niets van de toekomst; het weet alleen van het heden. Het hart heeft geen benul van tijd. Het ziet de dingen helder en liefde is de natuurlijke uitingsvorm van het hart – daar is geen opleiding voor nodig. En dit soort liefde heeft geen haat als tegenpool.

Ik had het over een liefde die boven liefde en haat uitstijgt. Liefde die uit het hoofd komt is altijd haatliefde. Het zijn geen twee woorden, het is één woord: haatliefde. Er staat zelfs geen streepje tussen. En een liefde die uit je hart komt, die verheven is boven elke dualiteit...

Ieder mens is naar die liefde op zoek. Maar hij zoekt met zijn hoofd en daarom is hij ongelukkig. Iedere minnaar voelt dat hij tekort schiet, voelt zich bedrogen en verraden. Maar dat is niemands schuld; de werkelijkheid is dat je het verkeerde instrument gebruikt. Het is net of iemand zijn ogen gebruikt om naar muziek te luisteren en zich er dan over opwindt dat er geen muziek is. Maar ogen zijn niet bedoeld om te luisteren en oren zien niet bedoeld om te kijken.

Het denken is een heel zakelijk, berekenend apparaat. Het heeft niets met liefde te maken. Liefde is altijd een chaos, het gooit alles overhoop.

Het hart heeft niets met zakelijkheid te maken – het is altijd op vakantie. Het kan liefhebben, het kan liefhebben zonder dat zijn liefde ooit omslaat in haat. Het beschikt niet over het vergif van de haat.

Iedereen is ernaar op zoek, alleen met een verkeerd instrument. Vandaar dat alles in de wereld faalt. En heel langzaam sluiten de mensen zich af, omdat ze merken dat liefde alleen ellende voortbrengt: 'Liefde is allemaal onzin.' Ze werpen een dikke muur op om de liefde te weren. Maar dan lopen ze alle vreugden van het leven mis; dan lopen ze alles mis wat van waarde is.

Je moet gewoon een ander instrument gebruiken.

Er bestaat een lied in het Urdu... Er zijn liederen die niet op ieder instrument gespeeld kunnen worden. Voor een bepaald soort muziek is een passend instrument nodig. Liefde is muziek, en jij hebt er het instrument voor. Maar omdat het hart geen voeding krijgt, leid je een ongelukkig leven. En je vergroot de ellende steeds maar doordat je dezelfde fout blijft maken – je gebruikt het verkeerde instrument en je probeert er muziek op te spelen waarvoor het niet geschikt is.

Liefde is niet hetzelfde als een relatie

Een relatie is heel teer, verandert ieder moment en is onvoorspelbaar, je kunt niet van tevoren zeggen wat er morgen of zelfs maar de volgende minuut gaat gebeuren. Dat veroorzaakt angst. De onvoorspelbaarheid en de onbekende toekomst verstoren in wezen de relatie tussen geliefden. En dan ontstaat er iets dat lijkt op een vader-moeder, een broer-zus verhouding, een huwelijk.

Het huwelijk moet de angst voor verandering wegnemen, het huwelijk moet de relatie stabiel maken. Maar liefde sterft wanneer je het statisch wilt maken. Op het moment dat je het aan de ketting legt verdwijnt het.

Liefde is als een voorjaarsbriesje, als het opsteekt voert het heerlijke zoete geuren aan. Daarna gaat het weer liggen. Wanneer het opsteekt, denk je dat het eeuwig duren zal. En dat gevoel is zo sterk dat je er geen moment aan twijfelt. In vaste overtuiging en zonder enige terughoudendheid beloof je van alles, en je beminde doet dat ook, zonder in te zien dat het een voorjaarsbriesje is. Het komt vanzelf en het verdwijnt vanzelf. Je hebt het niet in de hand. Je kunt het niet in je handpalm opsluiten. Je kunt de frisheid voelen wanneer je je hand openhoudt. Maar wanneer je je hand sluit is er geen briesje meer; weg is de koelte, weg is de geur.

Uit angst heeft men liefde in dezelfde categorie geplaatst als de relatie met je vader, je moeder, je zuster, je broer. Men heeft helemaal vergeten dat je niet voor die relatie hebt gekozen. Het is een gegeven. Maar de vrouw van je dromen is het enige in je leven dat je niet bij je geboorte toevalt. Zij wordt niet bepaald door je afkomst, en vergt daardoor een bewuste keuze en ook dat roept angst op.

Bedenk dat als je je vader, je moeder, je broers en je zusters had moeten uitkiezen je leven vol angst zou zijn geweest. Want wie zou je moeten kiezen en wie niet? Gelukkig wordt dit bij je geboorte meegegeven, de natuur voorziet erin, het is biologisch bepaald.

Liefde is een psychologisch proces, het hangt helemaal van jou af. En omdat het helemaal van jou afhangt maakt het je bang, je kunt fouten maken.

De schoonheid van verandering

Liefde is een relatie die aan verandering onderhevig is, zij is niet stabiel. Daarom verscheen het huwelijk. Het huwelijk betekent het einde van de liefde. Ja, je geeft een denderend feest, zo'n schitterend spektakel dat iedereen met open mond staat, maar het blijft een begrafenis, hoe je het ook wendt of keert.

Maar waarom hebben dan alle maatschappijen ter wereld voor het huwelijk gekozen? Dat kan niet toevallig zijn. Men besloot het individu te ontlasten van verwarring, van spanning en angst. Men wilde de toekomst van de familie en van de kinderen veilig stellen. Miljoenen mensen hebben daar gevolg aan gegeven en eeuwenlang heeft niemand naar het waarom gevraagd. Niemand heeft ooit diepgaand onderzocht waarom het huwelijk nodig is.

Het is nodig omdat liefde alleen niet genoeg is. Vandaag is het er, als een gast. Wanneer het aanwezig is, is het totaal. Maar hetzelfde geldt wanneer het verdwijnt, dan verdwijnt het volledig, alsof het nooit heeft bestaan. Het arriveert met veel drukte, vervult je hele wezen en geeft je een gevoel van grote voldoening. Maar wanneer het vertrekt, glipt het zo geruisloos weg dat je er helemaal niets van merkt, je hoort zelfs geen voetstappen meer. Je komt er pas achter wanneer het al vertrokken is. Dan voel je pas dat je alles verloren hebt.

Als je verstandig bent, en dat zijn er niet veel, ben je dankbaar voor die prachtige momenten die kwamen en weer gingen. Je bent enorm dankbaar want je had er niet om gevraagd. Zij kwamen vanzelf, zonder te vragen of je het wel waard was of niet. Je beleefde iets geweldigs, je proefde van het leven, je had het gevoel open te bloeien.

Als je verstandig bent houd je deze momenten voor altijd bij je, het voelde zo puur, zo fris en zo zoet. Het zal je vermogen om lief te hebben verdiepen en versterken.

**Als zich liefde
ontplooit**

Leven en liefhebben in vrijheid is een uitdaging.

Erich Fromm heeft een prachtig boek geschreven: Escape from Freedom, de titel zegt het al: 'Ontsnapping uit vrijheid.' Hij heeft gelijk, iedereen ontsnapt aan de vrijheid. Bijvoorbeeld, liefde is vrijheid, maar het huwelijk niet. Wanneer je verliefd bent zal je verstand vroeg of laat willen ontsnappen aan die vrijheid en willen trouwen.

Liefde is vreemd, onbekend, niemand weet waar het toe leidt. En vrijheid is oneindig, het is beangstigend. Dus maak je een kooi voor jezelf, trek je je grenzen en leeft erbinnen. Dan weet je tenminste waar je bent en waar je aan toe bent, je bent ontsnapt aan de vrijheid.

We ontsnappen op allerlei mogelijke manieren en waarom? Omdat vrijheid zoiets totaals is, zo groots; en wij zijn zo klein dat we het niet aankunnen, we kunnen er niet mee leven. Als je alleen bent, ben je vrij, maar als er iemand anders is of in een menigte, ben je je vrijheid kwijt. Daarom probeert iedereen te ontsnappen aan eenzaamheid. Niemand wil alleen en vrij zijn. Men wil gezelschap, want gezelschap betekent minder vrijheid en meer slavernij.

Vrijheid moet je goed begrijpen, niet als een conceptueel denkbeeld, maar als een praktische situatie waarin we leven. Wij zíjn vrij. Ditzelfde moment kun je honderdtachtig graden draaien. Er is geen lot dat je in een bepaalde richting stuurt, geen verleden dat je voortstuwt, geen toekomst die aan je trekt, alleen maar jij. Je kunt je op dít moment omdraaien en veranderen. Je kunt helemaal anders zijn.

Je kiest voor je vrijheid.
Je bent helemaal vrij te kiezen, absoluut vrij. Je kunt bij herhaling kiezen, geboorte na geboorte, duizenden jaren lang. Niemand kan je dwingen te veranderen. Je kunt pas veranderen wanneer je je realiseert dat het nu genoeg is. Boeddha zei: 'Het is genoeg. Ik ben geweest, nu wil ik er niet meer zijn.'

Je kunt je dit moeilijk voorstellen, omdat de logica denkt dat er overal gradaties te vinden zijn. De rede zegt: 'Hoe kan ik zeggen dat ik vrij ben, terwijl er overal beperkingen zijn?' Die zijn er ook, maar je hebt ze zelf geschapen.

De logica kan het niet verwerken, omdat het deel is van het verstand en denkt in termen van absolute dualiteit.

Het logisch denken vindt dat iets wit of zwart is, dat je vrij bent of niet. In de logica bestaat geen grijs. Maar in het leven is het de enige realiteit, wit is de ene kant van grijs en zwart de andere kant.

Wanneer ik zeg dat je vrij bent, zeg ik ook dat je vrij bent om onvrij te zijn, je bent vrij om een slaaf te zijn. Je kunt zelf vrijheid of onvrijheid kiezen, want als je niet voor onvrijheid kunt kiezen, is je vrijheid niet totaal.

Dat is het dilemma. De gewone logica vraagt: 'Als de mens vrij is, waarom is hij dat dan niet? Als de mens goddelijk is, waarom voelt hij dat dan niet?

Als de mens gelukzaligheid is, waarom is hij dan niet gelukkig?' Maar ik bedoel dat de mens onvrij is, omdat hij vrij is in die keuze. De mens kan de vrijheid kiezen en vrij worden of hij kan tegen zichzelf, tegen zijn aard ingaan. Dat houdt vrijheid in, dat je tegen je eigen natuur in kunt gaan, dat je je bewust-zijn kunt vergroten of niet, dat je vrij kunt zijn en verantwoordelijk voor jezelf, of dat je jezelf schade toebrengt.

Dieren zijn niet vrij, niet vrij in die zin dat ze onbewuster zijn. Zij leven via hun instinct, zij kunnen niet kiezen. Zij leven volgens een vast patroon dat ze moeten volgen.

De mens heeft geen vast patroon, een men-selijke natuur bestaat niet. De mens heeft vrij-heid, hij kan dalen, hij kan stijgen, hij kan lager dan dieren worden en boven de enge-len uitstijgen. Hij heeft geen vast patroon.

Hoe bewuster je wordt, hoe vrijer je wordt. Hoe meer je verantwoordelijk wordt, hoe gro-ter de gevaren. Je zult gevaarlijke beslissin-gen moeten nemen en je zult ze pas overwin-nen als je volledig bewust bent. Maar het is beter ze aan te gaan dan ze te ontvluchten, want deze gevaren helpen je meer bewust te worden. Vluchten creëert alleen maar on-wetendheid, onbewustheid, lethargie en slaap.

En jij denkt dat je de ander vrijheid kunt geven?

Ten eerste is het idee dat jij degene bent die je geliefde vrijheid geeft verkeerd. Wie ben jij, dat jij je geliefde vrijheid kunt geven?

Je kunt liefhebben en dat houdt automatisch vrijheid in. Het is niet iets dat je moet geven. En als het wel van je verwacht wordt ontstaan daar de problemen.

Ten eerste doe je dus iets verkeerd. Je wilt eigenlijk helemaal geen vrijheid geven. Je zou eerder willen dat er zich helemaal geen situatie voordoet waarin je haar vrij moet laten. Maar, je hebt me keer op keer horen zeggen dat liefde vrij maakt en daarom dwing je jezelf geheel onbewust om haar vrijheid te geven, want anders is je liefde geen echte liefde.

Nu zit je in een moeilijk parket, als je geen vrijheid geeft, twijfel je aan je liefde, als je haar wel vrij laat... maar dat is onmogelijk voor je.

Het ego is erg jaloers, het stelt duizenden-een vragen: 'Ben jij soms niet goed genoeg en moet ze daarom vrijheid krijgen, vrij-zijn om ook met anderen te zijn?' Dat doet pijn en dan komt het gevoel op dat je jezelf op tweede plaats zet.

Door haar vrijheid te geven stel je een ander op de eerste plaats en jezelf op de tweede. Daar komt je ego tegen in opstand en verder helpt het trouwens niet, want je zult het op haar verhalen. Jij wilt die vrijheid ook krijgen, of je het nou nodig hebt of niet, daar gaat het niet om, maar je wilt niet met je laten sollen.

Ten tweede: omdat je geliefde bij iemand anders was, voel je je niet op je gemak met haar. Dat staat tussen jullie in. Zij heeft voor iemand anders gekozen en je daardoor beledigd. En jij hebt zo veel gedaan, je hebt haar zo royaal de vrijheid gelaten. Nu ben je gekwetst en zul je het haar op de een of andere manier terugbetalen.

Het komt allemaal doordat je mij verkeerd begrepen hebt. Ik heb nooit gezegd dat als je liefhebt je haar ook vrij moet laten. Nee, ik heb gezegd dat liefde vrijheid is. Het is niet een kwestie van geven. Als je denkt dat je het moet geven, kun je er maar beter helemaal niet aan beginnen, doe dan maar net als iedereen. Waarom onnodig problemen scheppen, die zijn er al genoeg.

Als jij zover bent dat vrijheid een deel is van je liefde, dat ze je geen toestemming hoeft te vragen... Trouwens, in jouw plaats zou ik me pijnlijk getroffen voelen wanneer mijn geliefde mij toestemming zou vragen. Dat zou betekenen dat zij mijn liefde niet vertrouwt. Mijn liefde is vrijheid. Ik houd van haar, maar dat betekent niet dat ik alle ramen en deuren afsluit zodat zij niet met een ander kan lachen, met een ander kan dansen, van iemand anders kan houden, wie zijn we dan wel?

Dat is de meest fundamentele vraag die iedereen zich moet stellen: Wie zijn wij? Wij zijn allemaal vreemden en waar halen we de lef vandaan dat we een ander de wet kunnen lezen en zeggen: 'Ik laat je vrij', of: 'Ik kan je niet vrijlaten', of: 'Als je van mij houdt, mag je van niemand anders houden.' Zulke stomme ideeën, maar ze hebben de mensheid vanaf het begin onderdrukt.

En we zijn nog steeds primitief, we weten nog steeds niet wat liefde is. Als ik van iemand houd, ben ik dankbaar dat ik word geaccepteerd, dat mijn liefde wordt aanvaard en niet afgewezen. Dat is genoeg. Maar haar cipier worden? Zij houdt van mij en als dank bouw ik een gevangenis om haar heen? Ik houd van haar en daarom neemt zij mij gevangen? Wat een beloning!

Als ik van iemand houd ben ik dankbaar en haar vrijheid blijft intact. Ik ben het niet die iets toestaat, het is haar geboorterecht en mijn liefde kan daar niets aan afdoen. Hoe kan liefde ooit iets afnemen en nog wel van een geliefde? Zij heeft dat bij haar geboorte meegekregen, je kunt niet eens beweren: 'Ik geef haar de vrijheid.' Wie ben je dan wel, zomaar een vreemde. Je bent elkaar onderweg tegengekomen, toevallig, en zij was zo vriendelijk je liefde aan te nemen. Wees maar dankbaar, laat haar haar eigen leven en leef zelf ook zoals jou dat goeddunkt. Laat je niet van je eigen manier van leven afbrengen.

Dat is vrijheid. Dan zal liefde je helpen minder gespannen te zijn, minder angstig, minder gekweld en met meer vreugde.

Maar overal om ons heen zien we het tegenovergestelde gebeuren. Liefde schept zoveel ellende, zoveel pijn dat sommigen ten einde raad besluiten dat het maar beter is niet van iemand te houden. Zij doen hun hart op slot, want anders gaan ze de hel in en niets anders. Maar door liefde buiten te sluiten, sluit je ook de werkelijkheid en het leven buiten en dat wil ik per se niet! In plaats daarvan zeg ik: Gooi die hele manier van liefhebben om. Je hebt van de liefde iets lelijks gemaakt, stop daarmee! Laat de liefde een steun zijn voor je spirituele groei, laat liefde nectar zijn voor je hart, zodat het de moed krijgt zich te openen. En niet slechts voor één persoon, maar voor het hele bestaan.

Waarom zijn wij zo bang voor liefde?

Mensen zijn bang voor liefde. Want liefde brengt ellende, liefde brengt leugens, liefde brengt gevangenschap en slavernij, liefde vernietigt de vrijheid. Daarom zijn mensen er bang voor.

Maar tegelijkertijd kunnen we niet zonder liefde, want liefde is een noodzakelijke voeding. Daarom hunkeren we naar liefde, daar-

om verlangen we ernaar lief te hebben en ge-
liefd te worden, kunnen we niet alleen blijven. Maar op hetzelfde moment dat we de
ander, de man of de vrouw ontmoeten, worden we ook bang want we weten dat we nu
gevangen raken.

Want liefde is nog steeds niet zonder voorwaarden, daarom zijn mensen bang. En omdat liefde zoveel compromissen brengt, zoveel
compromissen dat zij bijna hun oorspronke-
lijk gezicht verliezen. Daarom zijn mensen
bang. En ze kunnen ook niet zonder, omdat
het een onontbeerlijke voeding betekent voor
hun ziel. En omdat het een onontbeerlijke voeding voor hun ziel is, hebben mensen geleerd
er misbruik van te maken. Want als men er
niet zo afhankelijk van was, zou er nooit zo
mee gemanipuleerd kunnen worden. Liefde is
zo'n intense behoefte dat je het kunt uitbui-
ten, dat je voorwaarden kunt stellen. Je kunt
eisen: 'Ik kan alleen van je houden als je dit
doet. Ik houd van je als je belooft alleen van
mij te houden en niet van iemand anders, nooit.
Ik kan alleen van je houden als je mijn eisen
inwilligt.'

Dat zijn de condities, en een hongerige moet ze wel accepteren. Dan gaat hij liegen, begint hij spelletjes te spelen en wordt hij onecht. Hij begint dingen te doen die hij anders nooit zou doen en hij stopt met die dingen die hij altijd graag deed. Vroeg of laat zal hij dan merken dat hij een te hoge prijs betaalt voor de liefde, dat het maar beter is niet lief te hebben, dat het beter is alleen te zijn.

Op die manier lopen mensen in een kringetje, van liefde naar alleenzijn en van alleenzijn naar liefde. Als zij alleen zijn steekt het verlangen de kop op, als ze tezamen zijn merken ze de stompzinnigheid.

Ik hoorde eens het volgende verhaal:

Aangekomen bij Sint Pieter aan de hemelpoort verzucht de vermoeide oude priester: 'Geen diensten meer, eindelijk rust.'

Sint Pieter: 'Zoekt u maar een zachte wolk uit om te slapen. U hebt uw rust verdiend.'

Met een diepe zucht zakt de pastoor onderuit in een zachte hemelse wolk en valt in slaap. Helaas is het niet echt rustig. Zo nu en dan rinkelen er belletjes, die hem wakker maken. Na een paar uur staat hij dol op uit zijn wolk, holt naar Sint Pieter en beklaagt zich: 'Wat bedoel je met uitrusten, dit lijkt wel de hel? Hoor je die belletjes die een hels kabaal maken net als ik in slaap val?'

'O, het spijt me, maar daar kan ik niets aan doen, je zult er wel aan wennen. Het is een deel van ons registratiesysteem. Iedere keer als er beneden op aarde een zware leugen wordt verteld gaat er een belletje rinkelen. Nu je het weet zul je er wel geen last meer van hebben. Welterusten.'

En verdomd waar, Sint Pieter's woorden komen uit. Nadat hij weer in zijn wolk is gestapt valt de pastoor in een diepe slaap.

Maar midden in de nacht wordt hij met een kreet wakker, grijpt naar zijn hoofd en wordt stapelgek van de duizenden belletjes die als een razende tekeer gaan. 'Pieter, Pieter, help me. Wat gebeurt er?' Daar is Pieter al en hij legt liefdevol zijn handen over de oren van de arme pastoor. 'Ach arme, dit is het uur van de dag dat geliefden elkaar omhelzen en elkaar de mooiste dingen vertellen.'

Liefde brengt duizenden leugens in het leven, we moesten ons schamen. We voelen ons geketend, opgesloten, gecompromitteerd. Men voelt zich verlamd en verminkt, men voelt zich op duizend en een manieren belemmerd. Daarom, weet je, zijn mensen bang voor liefde.

Ik geef je een heel belangrijk advies: Maak geen misbruik van liefde, dat zal een geweldige religieuze revolutie teweeg brengen in je leven. Maak geen misbruik van liefde; wanneer iemand van je houdt, verbindt er dan geen voorwaarden aan. Als jij van iemand houdt, maak hem dan niet invalide. Laat je liefde wijds en groot worden, geef je geliefde meer ruimte dan hij alleen had, voed hem, maar vergiftig hem er niet mee, bezit hem niet. Laat hem vrij zijn, vrijer dan ooit tevoren, dan groeit liefde tot een diepe intimiteit.

Liefde gaat het diepst als zij vrijheid brengt, als het de ander respecteert in plaats van vernedert, niet vernietigt maar versterkt. Liefde gaat het diepst als het verrijkend aanvoelt en bevrijdend, dan wordt liefde een gebed, de diepste ervaring van je leven.

Maak geen misbruik van liefde, denk er iedere keer aan dat je verliefd bent. En je zult erg op moeten passen, want men heeft de liefde vele duizenden jaren lang misbruikt en die gewoonte zit heel diep geworteld.

Keten of vrijheid, dat is aan jou te beslissen
Je hele leven ben je omringd door allerlei relaties. Relaties, echte of onechte, zijn een heel subtiele vorm van slavernij. Of je maakt een slaaf van de ander of je wordt er zelf een. Daarbij moet je begrijpen dat je nooit van iemand een slaaf kunt maken zonder er zelf een te worden. Slavernij is een tweesnijdend zwaard. Je kunt de sterkere zijn of de zwakke, maar in iedere relatie word jij de cipier en de ander de gevangene en van zijn kant gezien is de ander de cipier en jij de gevangene. Dit is een van de hoofdoorzaken van de misère, van de ellende waarin de mensheid zich bevindt.

Je haat is volwassen, volgroeid door de ervaring van duizenden jaren in allerlei levensvormen. Het heeft tijd en ruimte gehad om te groeien en pas in de mens begint een verandering op te treden.

Laat liefde je uitstraling worden. Niet dat je verliefd wordt, maar dat je liefde wordt. Het is eenvoudig je natuur, de geur van je zijn. Zelfs wanneer je alleen bent, ben je omgeven door liefdevolle energie. Zelf wanneer je een ding, een stoel aanraakt bijvoorbeeld, straalt je hand liefde uit. Het maakt niet uit naar wie of naar wat.

Die liefhebbende energie is niet speciaal voor iemand bedoeld. Ik wil je niet verhinderen om in liefde te leven, maar je kunt alleen in liefde leven als je je oude fixatie op relaties kunt loslaten. Liefde is niet hetzelfde als een relatie.

Twee mensen kunnen veel van elkaar houden en hoe groter hun liefde, hoe kleiner de kans op een relatie. Hoe meer zij van elkaar houden, hoe groter de vrijheid tussen hen; hoe meer zij van elkaar houden, hoe kleiner de kans op veeleisendheid en bemoeizucht en verwachtingen. Dan is er natuurlijk ook geen frustratie meer.

In wezen is liefde mijn hele religie, maar niet om het te laten vernietigen door zoiets onechts als het huwelijk of welke andere relatie dan ook.

Liefde is alleen authentiek als zij vrijheid biedt, laat dat je maatstaf zijn. Liefde is alleen dan oprecht als het de privacy van de ander niet aantast en individualiteit en eigen ruimte respecteert.

Maar overal ter wereld zie je geliefden die hun uiterste best doen niets voor zichzelf te houden, ze willen alle geheimen delen. Ze zijn bang voor individualiteit, zij maken elkaars individualiteit kapot en hopen hun leven voldoening te geven, door elkaar te vernietigen. Zij worden steeds ongelukkiger.

Heb lief en onthoud dat alles dat echt is steeds aan verandering onderhevig is. Je hebt het verkeerde idee meegekregen dat echte liefde blijvend is. Een echte roos bloeit niet eeuwig. Een levend wezen gaat op een dag dood.

Het leven verandert constant. Toch moet echte liefde blijvend zijn en als het op een dag overgaat trekt men de conclusie dat het dus geen echte liefde was.

Ik wil dat je inziet dat liefde er ineens was, je hoefde er niets voor te doen, het was een geschenk van de natuur. Op dat moment zou je het geweigerd hebben als je je zorgen gemaakt had dat het plotseling weer weg zou zijn. Zoals het komt, gaat het ook weer.

Maar je hoeft je er niet druk om te maken, als de ene bloem verwelkt, beginnen andere te bloeien. Bloemen blijven altijd bloeien. Maar klamp je niet vast aan één bloem, anders houd je je op een gegeven moment aan een verwelkte bloem vast.

Dat is de realiteit van het leven, dat mensen zich vasthouden aan een liefde die eens vitaal was. Nu is het een herinnering geworden, een last en je zit eraan vast vanwege het fatsoen en de wet.

Ik ben geen tegenstander van liefde, ik ben er zo'n voorstander van dat ik tegen relaties ben en tegen het huwelijk. Het is heel goed mogelijk dat twee mensen hun hele leven bij elkaar blijven. Niemand zegt dat je moet scheiden, maar samenleven kan alleen maar uit liefde zonder je met elkaars zaken te bemoeien en inbreuk te maken op elkaars individualiteit, op elkaars ziel. Laat de ander zijn waardigheid.

Je kunt liefhebben, liefhebbend zijn, maak dus geen drukte. Wanneer je gewoon liefhebt, gewoon liefde bent, zul je het niet in haat kunnen omzetten.

En omdat er geen verwachtingen zijn kun je ook niet gefrustreerd raken.

De laatste tijd begin ik mij te realiseren dat zelfs mijn geliefde een vreemde voor me is. Toch voel ik een intens verlangen die verwijdering tussen ons te overbruggen. Het lijkt wel alsof wij twee parallel lopende lijnen zijn, die elkaar nooit zullen raken. Geliefde Osho, lijkt de wereld van het bewustzijn op de meetkundige wereld, of is er een kans dat parallellen elkaar raken?

Het is waarschijnlijk het grootste probleem waar iedere minnaar mee te maken krijgt. Het is voor geliefden niet mogelijk hun vreemdzijn, hun onbekendheid of verwijdering te overwinnen. In feite zijn geliefden elkaars tegenpolen, zo werkt de liefde. Hoe verder ze van elkaar af staan, des te meer trekken ze elkaar aan. De verwijdering is de aantrekkingskracht. Zij trekken elkaar aan, komen steeds dichter bij elkaar, maar worden nooit één. Ze komen soms zo dicht bij elkaar, dat het lijkt of ze nog slechts één stap van een-wording verwijderd zijn. Maar die stap wordt nooit genomen; die kán gewoon niet worden genomen, dat is een natuurwet.

Wanneer ze heel dicht bij elkaar zijn, ver-wijderen ze zich juist weer, nemen afstand. Dat komt doordat de aantrekkingskracht ver-slapt als ze zo dicht bij elkaar zijn; dan be-ginnen ze ruzie te maken, te zeuren en elkaar af te snauwen. Op die manier creëren ze weer afstand. En zodra er afstand is voelen ze zich weer tot elkaar aangetrokken. Het is een na-tuurlijk ritme: dichterbij komen, zich terug-trekken, toenadering zoeken en weer weg-gaan.

Ze verlangen naar eenheid, maar biologisch, op lichamelijk niveau is dat niet mogelijk. Zelfs wanneer je vrijt ben je niet één. Op li-chamelijk niveau is de verwijdering onont-koombaar. Je zegt: *'De laatste tijd begin ik mij te realiseren dat zelfs mijn geliefde een vreemde voor me is.'* Dat is oké. Je gaat het begrijpen. Alleen kinderlijke mensen denken dat ze elkaar kennen. Je kent jezelf niet eens, hoe kun je dan denken dat je je geliefde kent? Jullie weten allebei niet wie je bent.

Twee onbekenden, twee vreemden die niets van zichzelf weten en toch proberen elkaar te kennen, streven naar het onmogelijke. Het moet wel op een teleurstelling uitlopen, het is gedoemd te mislukken. Daarom zijn geliefden altijd kwaad op elkaar. Zij verwijten elkaar een gebrek aan intimiteit: 'Hij houdt me op een afstand, hij wil me niet te dichtbij.' En beiden denken er zo over. Maar het is niet waar, die verwijten zijn ongegrond. Ze begrijpen de natuurwet gewoon niet.

Op lichamelijk niveau kun je dichtbij komen, maar niet één worden. Op hartniveau kun je één worden, maar dan heel kort, nooit definitief. Op zijnsniveau ben je één. Dat hoef je niet eens te proberen, maar alleen te ontdekken.

Je zegt: *'Toch voel ik een intens verlangen die verwijdering tussen ons te overbruggen.'* Wanneer je dat op lichamelijk niveau blijft proberen, lukt het nooit. Je verlangen geeft gewoon aan dat liefde boven het lichaam moet uitstijgen, ze wil hoger en verder en dieper. Zelfs de ontmoeting van hart tot hart, hoe zoet en immens vreugdevol ook, blijft onvoldoende. Het is namelijk maar voor even, daarna worden jullie weer vreemden. Pas wanneer je de wereld van het zijn hebt ontdekt, wordt je verlangen naar eenwording vervuld. En het merkwaardige is dat op het moment dat je één bent met je geliefde, je tegelijk één bent met het hele bestaan.

Je zegt: *'Het lijkt wel alsof wij twee parallel lopende lijnen zijn, die elkaar nooit zullen raken.'* Misschien ben je niet op de hoogte van de niet-euclidische meetkunde, want die wordt nog niet in het onderwijs gedoceerd. Op de universiteiten geeft men euclidische meetkunde en die is al tweeduizend jaar oud. In de euclidische meetkunde raken parallel lopende lijnen elkaar nooit. Maar men heeft ontdekt dat wanneer je die lijnen lang genoeg blijft volgen, ze elkaar wel raken. De laatste ontwikkeling is dat er geen parallel lopende lijnen bestaan; daarom raken ze elkaar uiteindelijk altijd. Het is onmogelijk twee parallel lopende lijnen te creëren.

De nieuwste ontwikkelingen op het gebied van de meetkunde zijn heel bijzonder. Het is zelfs onmogelijk een rechte lijn te trekken, want de aarde is rond. Als je hier met een rechte lijn begint en die aan beide kanten steeds verder doortrekt, zul je ten slotte merken dat het een cirkel geworden is. En wanneer een rechte lijn uiteindelijk een cirkel wordt, was het van begin af aan geen rechte lijn, maar slecht een stukje van een grote cirkel. En een stuk van een cirkel is een boog, geen rechte. In deze nieuwe opvatting die men de niet-euclidische meetkunde noemt, is geen plaats meer voor lijnen. We kunnen dus ook niet meer praten over parallel lopende lijnen. Die bestaan ook niet.

Als het dus een kwestie zou zijn van parallel lopende lijnen, bestaat de kans dat geliefden elkaar uiteindelijk wel tegenkomen. Dat gebeurt misschien als ze heel oud zijn en geen energie over hebben om ruzie te maken. Of ze zijn zo aan elkaar gewend... wat heeft 't nog voor zin? Iedere keer weer dezelfde ruzies, dezelfde problemen, dezelfde conflicten; ze zijn elkaar zat.

Op de lange duur zie je dat geliefden zelfs helemaal niet meer met elkaar praten. Wat heeft het voor zin? Praten betekent ruzie maken. En het is altijd dezelfde ruzie, die verandert niet. Ze hebben hem zo vaak gehad en de uitkomst is altijd gelijk. Maar zelfs dan zijn parallel lopende lijnen als het geliefden betreft... In de meetkunde kunnen ze elkaar uiteindelijk raken, maar in de liefde is daar geen kans op.

En dat is maar goed ook, want wanneer geliefden hun verlangen naar eenwording op het lichamelijke vlak zouden kunnen bevredigen, zouden ze nooit verder kijken. Ze zouden er nooit achterkomen dat er nog veel meer in het lichaam verborgen zit: bewustzijn, de ziel, God.

Houd je verlangen levend, brandend; laat de moed niet zakken. Je verlangen is de drijfveer van je spiritualiteit. Je verlangen ligt ten grondslag aan de uiteindelijke vereniging met het bestaan. Je geliefde is alleen een excuus.

Wees dus niet verdrietig, wees gelukkig. Wees blij dat het niet mogelijk is elkaar op fysiek niveau te ontmoeten. Geliefden zouden anders de kans op transformatie mislopen. Ze zouden aan elkaar vast blijven zitten en elkaar kapotmaken. En het is niet verkeerd om van een vreemde te houden. Eigenlijk is het spannender.

Toen je nog niet bij elkaar was voelde je je sterk aangetrokken. Hoe langer je bij elkaar bent, des te zwakker is de aantrekkingskracht. Hoe meer je elkaar, weliswaar oppervlakkig, leert kennen, hoe minder je opgewonden raakt. Het leven wordt al heel snel routine.

Mensen vallen alsmaar in herhaling. Kijk eens naar de gezichten van mensen die je tegenkomt. Dan vraag je je af waarom ze er zo treurig uitzien. Waarom kijken ze alsof ze alle hoop verloren hebben? De reden is eenvoudig: het is de herhaling. De mens is intelligent en herhaling veroorzaakt verveling. Verveling brengt somberheid, morgen lijkt op overmorgen en ga zo maar door. Tot aan het graf blijft alles hetzelfde, steeds het bekende verhaal.

Een jood en een Pool zitten in een bar naar het televisiejournaal te kijken. Daar zien ze een vrouw die op een uitstekende richel staat en dreigt naar beneden te springen. De jood zegt tegen de Pool: 'Luister eens, zullen we wedden? Als ze springt krijg ik twintig dollar en als ze het niet doet, krijg jij twintig dollar. Oké?'

'Prima', zegt de Pool.

Een paar minuten later springt de vrouw naar beneden en is dood. De Pool haalt twintig dollar uit zijn portemonnee en geeft die aan de jood.

Even later draait de jood zich om naar de Pool en zegt: 'Hoor eens, ik kan die twintig dollar niet aannemen. Ik moet je bekennen dat ik het al op het vorige journaal gezien heb. Dit was een herhaling.'

'Nee, nee,' zegt de Pool, 'houd je geld, je hebt het dubbel en dwars verdiend. Weet je, ik had dit ook al eerder gezien.'

'O ja?' zegt de jood. 'Dan begrijp ik niet waarom je wedde dat ze niet zou springen.'

'Nou,' zegt de Pool. 'ik dacht niet dat ze zo stom zou zijn het voor de tweede keer te doen!'

Het leven is nu eenmaal... De treurigheid, de verveling en de ellende kunnen ophouden als mensen begrijpen dat ze het onmogelijke verlangen.

Vraag niet om het onmogelijke. Zoek de wet van het bestaan en geef er gehoor aan.

Je verlangen naar eenheid is een spiritueel verlangen, het is je wezenlijke religieuze aard. Je concentreert je alleen op het verkeerde.

Je geliefde is slechts een excuus. Zie je geliefde als iemand die je helpt een nog grotere liefde te ervaren, de liefde voor het hele bestaan. Laat je verlangen je naar je innerlijke wezen voeren; daar vindt de ontmoeting al plaats en zijn we al één. Daar is nog nooit iemand gescheiden.

Het verlangen is prima, maar het voorwerp van je verlangen deugt niet. Dat schept het lijden en de hel. Verander van doel en je leven wordt een paradijs.

Laat jezelf niet in de steek

Altijd wanneer ik me een tijdlang ellendig voel, komt er een moment waarop ik om mij-

zelf kan lachen. Dan voel ik me weer vrij en zie in dat het allemaal was ontstaan doordat ik vergat van mezelf te houden.

Dit inzicht is misschien niet verschrikkelijk diepzinnig, maar het moment dat het gebeurt, ben ik altijd verbaasd hoe gemakkelijk ik mijzelf in de steek laat. Is dat de oorzaak van het lijden van de meeste mensen, of is het juist iets van mij?

Het is niet alleen iets van jou. Het ligt ten grondslag aan het lijden van de meeste mensen, maar het heeft niet de betekenis die jij eraan geeft.

Je wordt niet ellendig doordat je stopt met van jezelf te houden. Het komt doordat je een zelf hebt gecreëerd dat helemaal niet bestaat. Soms lijdt dit onechte zelf doordat het probeert van anderen te houden, want uit iets onechts kan geen liefde komen. En dat gebeurt aan beide kanten. Twee onechtheden die van elkaar proberen te houden... vroeg of laat gaat deze opzet mis. En als het misloopt val je terug op jezelf, want er is niemand anders. En dan denk je: 'Ik was vergeten van mijzelf te houden.'

In zekere zin is het een schrale troost: in plaats van twee onechtheden heb je er nog maar één. Maar hoe houd je van jezelf? En hoe lang houd je dat vol? Je zelf is niet echt en zal je niet de kans geven er lang naar te kijken, want dat levert gevaar op. Als je er lang genoeg naar kijkt, verdwijnt dit zogenaamde zelf en bevrijd je je echt van het lijden. De liefde blijft, maar ze is niet gericht op jezelf of een ander. De liefde is er zomaar, ze kent geen speciale bestemming. En als er zomaar liefde is, is er gelukzaligheid.

Maar dit onechte zelf gunt je weinig tijd. Al heel gauw word je weer op iemand anders verliefd. Het onechte zelf heeft namelijk de steun van andere onechtheden nodig. Daarom vallen mensen op elkaar, en dan weer niet, vallen weer op een ander en dan weer niet. Het is een raar verschijnsel, tientallen keren overkomt het hun en ze hebben het nog steeds niet door. Ze zijn ongelukkig wanneer ze verliefd zijn; ze zijn ongelukkig als ze niet verliefd en alleen zijn. Even voelen ze een zekere opluchting.

Als in India iemand is gestorven, draagt men hem op een baar op de schouders. Onderweg verplaatsen ze het gewicht van de ene schouder naar de andere. Van de linker schouder verplaatsen ze het naar de rechter schouder en na een tijdje weer terug. Het lucht wat op, wanneer je het gewicht van de linker naar de rechter schouder verplaatst. Maar in wezen verandert er niets. Je blijft hetzelfde gewicht torsen, maar je linker schouder voelt zich ontlast. Het is maar voor even, want al heel snel begint de rechter schouder pijn te doen, zodat je weer moet veranderen.

Zo ziet je leven eruit. Je blijft de een voor de ander verruilen, want deze man of deze vrouw verschaft je misschien het paradijs waar je altijd naar verlangd hebt. Maar iedereen bezorgt je de hel, zonder mankeren! En je kunt niemand de schuld geven, want zij doen precies hetzelfde als jij: ook zij presenteren een onecht zelf waar niets uit voortkomt. Het kan niet tot bloei komen. Het is leeg – weliswaar opgesierd, maar leeg en hol van binnen.

Wanneer je iemand van een afstand ziet, voel je je aangetrokken. Wanneer je dichterbij komt, wordt de aantrekkingskracht al minder. Wanneer je elkaar ontmoet is het geen ontmoeting, maar een aanvaring. En plotseling zie je dat de ander leeg is, dat je misleid en bedrogen bent, want de ander heeft niets van wat zo veelbelovend leek.

Hetzelfde geldt voor de ander. Geen enkele belofte wordt ingelost, je wordt een last voor elkaar, niets dan narigheid en verdriet, je maakt elkaar kapot. Tenslotte ga je uit elkaar. Een tijdje voel je je opgelucht, maar je innerlijke onechtheid kan je niet zo lang in deze staat laten leven. Al gauw ga je op zoek naar een andere vrouw, een andere man. Zo kom je weer in dezelfde val terecht. Alleen de gezichten zijn anders; de innerlijke realiteit is dezelfde: leeg.

Wanneer je echt van alle narigheid en lijden af wilt komen, zul je moeten begrijpen dat je geen zelf hebt. Dan is het niet zomaar een opluchting, maar een geweldige opluchting. Als je geen zelf hebt, verdwijnt ook de behoefte aan de ander. Want het was het verlangen van het onechte zelf om door de ander gevoed te worden. Je hebt de ander niet nodig.

En luister goed: als je de ander niet nodig hebt, kun je liefhebben. Die liefde geeft geen narigheid.

Wanneer je behoeften, eisen en verlangens te boven bent, wordt liefde een zachtmoedig delen, een geweldig begrijpen. Als je jezelf begrijpt, begrijp je op hetzelfde moment de hele mensheid. Dan kan niemand je meer ongelukkig maken. Want je weet dat ze lijden aan een onecht zelf, en dat ze iedereen die in de buurt komt, opzadelen met hun narigheid.

Je liefde geeft je de kracht om je beminde te helpen bij het kwijtraken van z'n onechte zelf. Ik ken eigenlijk maar één geschenk.

Liefde kan je slechts één ding geven: het inzicht dat je niet bestaat, dat je zelf maar een verzinsel is. Wanneer twee mensen zich dat realiseren, worden zij plotseling één, want twee nietsen kunnen geen twee zijn. Twee ietsen zijn twee, maar twee nietsen zijn geen twee. Twee nietsen versmelten en vermengen zich. Zij kunnen niet anders, zij worden één.

Bijvoorbeeld: wanneer wij hier zitten en iedereen is een ego, tel je zoveel mensen, je kunt ze tellen. Maar op sommige momenten, als het doodstil is, merk ik – misschien merk jij het ook... Dan kun je de aanwezigen niet tellen. Dan is er één bewustzijn, één stilte, één groot niets, één afwezigheid van het zelf. Alleen in die staat kunnen twee mensen in eeuwige vreugde verkeren, kan iedere groep in immense schoonheid leven; dan kan de hele mensheid in gezegende omstandigheden leven.

Maar als je het zelf zoekt, vind je het niet. Dat niet kunnen vinden is van groot belang.

En het wonderlijke is dat als je mediteert, je je stap voor stap onttrekt aan je ego en je persoonlijkheid en je je ware zelf tot werkelijkheid maakt. En dan, wonder boven wonder, ontstaat liefde vanzelf. Je hoeft er niets voor te doen, het is een spontaan openbloeien. Ze bloeit alleen in een geschikt klimaat en dat klimaat noem ik meditatie. In een klimaat van stilte, zonder gedachten, ongestoord, in totale helderheid, in vrede en stilte merk je plotseling dat er duizenden bloemen in je ontluiken. En hun geur is liefde.

Natuurlijk houd je aanvankelijk van jezelf, omdat het een eerste kennismaking is. Je wordt je voor het eerst bewust van de geur die in je opstijgt en het licht dat in je ontstoken is en de gelukzaligheid die zich over je uitstort. Daarna wordt liefhebben je aard en ga je van iedereen houden.

In onze onwetendheid kennen we eigenlijk alleen relaties. Als we bewust worden kennen we geen relaties meer. Het is niet zo dat ik van jou houd. Nee, ik bèn liefde.

Je moet het verschil goed begrijpen. Wanneer je zegt: 'Ik houd van jou', hoe zit het dan met anderen? Hoe zit het dan met de rest van het bestaan? Hoe selectiever je liefde is, hoe meer ze bekneld raakt. Zo kortwiek je de liefde, ze kan de zon niet meer tegemoet vliegen. Dan heeft je liefde geen vrijheid, maar zit eigenlijk in een gouden kooi. Het is wel een mooie kooi, maar de vogel die erin zit, is niet dezelfde als degene die in de lucht zijn vleugels uitslaat.

Liefde moet geen relatie worden, geen beperking, maar een verbreding. Liefde moet je ware aard, je echte karakter, je zuivere wezen uitstralen. Liefde is als de zon, die voor iedereen schijnt en niet voor iemand in het bijzonder. Meditatie gaat eraan vooraf.

Natuurlijk merk je dat eerst van binnen, geldt die liefde eerst jezelf, maar dan straalt ze alle kanten uit. Dan houd je niet alleen van mensen, maar ook van bomen en vogels. Je bemint gewoon, je bent liefde.

Wat betekent: 'Van jezelf houden'?
Het betekent meditatie.
Het betekent jezelf zijn.
En de natuur geeft je liefde als beloning.

De magie van vertrouwen

Vertrouwen is heel iets anders. Vertrouwen is geen intellectueel concept. Vertrouwen is een eigenschap van het hart, niet van het hoofd. Geloof is een brug tussen een individu en de massa, en vertrouwen is een brug tussen het individu en het heelal. Vertrouwen doe je altijd in God, en als ik 'God' zeg, bedoel ik niet enig geloof in God. Als ik God zeg, bedoel ik gewoon het heelal.

Vertrouwen is het diepgaande begrip dat je slechts een deel bent: een noot in een geweldige symfonie, maar een klein golfje in de oceaan. Vertrouwen betekent het geheel te volgen, met het geheel mee te stromen, in harmonie te zijn met het geheel. Vertrouwen betekent: Ik ben hier niet als vijand, ik ben hier niet om te vechten; ik ben slechts hier om van de mij geboden mogelijkheid gebruik te maken; ik ben hier om mijn dankbaarheid te vieren. Vertrouwen is geen doctrine: je hoeft geen hindoe te zijn, je hoeft geen moslim te zijn, je hoeft geen jaïn te zijn en geen Sikh. Vertrouwen is een afspraak tussen het individu en het geheel, en vertrouwen maakt je religieus – niet in de zin van hindoe, van moslim, van christen – gewoon religieus. Vertrouwen heeft geen naam. Geloof maakt een hindoe van je, een moslim, een christen. Geloof heeft allerlei namen, miljoenen namen; er zijn duizenden geloven – je kunt uitkiezen. Vertrouwen heeft slecht één kenmerk: de geur van overgave aan het geheel, de kwaliteit van mee te gaan in harmonie met het geheel, de kwaliteit van niet het geheel te willen dwingen jou te volgen maar jezelf eenvoudig toe te staan met het geheel mee te gaan. Vertrouwen is transformatie.

Het bestaan houdt van je, ander zou je er niet zijn.

Ontspan in zoals je bent, het bestaan verzorgt je. Daarom gaat het bestaan door met door jou adem te halen en daarom klopt het in je. Als je eenmaal dit geweldige respect en liefde en vertrouwen van het hele bestaan voor je begint te voelen, kun je wortels beginnen te groeien in je eigen wezen. Dan begin je jezelf te vertrouwen, en pas dan kun je mij vertrouwen. Pas dán kun je je vrienden vertrouwen, je kinderen, je man, je vrouw. Pas dán kun je de bomen vertrouwen en de dieren en de sterren en de maan. Dan leef je gewoon in vertrouwen. Dan gaat het er niet langer om of je dit vertrouwt of dat, dan vertrouw je gewoon. En vertrouwen betekent gewoon religieus te zijn.

Ik probeer rebellen te maken, en een rebel begint altijd met vertrouwen in zichzelf. En als ik je kan helpen jezelf te vertrouwen, heb ik je al geholpen. Je hebt niets anders nodig, al het andere volgt vanzelf.

Ik zou willen dat je heidenen bent, met vertrouwen in de bomen, in de zee, in de bergen, in de sterren, in de mensen, in jezelf – deze dingen zijn werkelijk. Je hebt helemaal geen geloof nodig, je hoeft alleen maar in te zien wat werkelijkheid is en wat niet – gewoon een beetje onderscheidingsvermogen. Vertrouw het echte, het authentieke, en niemand kan je hinderen te groeien. En slechts in die groei zul je meer en meer schatten van je eigen bewustzijn ontdekken, van je eigen wezen, van goddelijkheid.

Je kunt God nooit tegenkomen, maar slecht goddelijkheid.

Het is een kwaliteit.

Het is een andere naam voor liefde.

Biografie

Osho's woorden vallen niet in één enkele categorie in te passen, hij beschrijft alles: van persoonlijke zoektocht naar waarheid, tot de meest urgente sociale en politieke vraagstukken van deze tijd. Zijn boeken zijn niet geschreven, maar overgezet van geluids- en beeldopnamen van de tijdloze lezingen die hij aan een internationaal gehoor gaf in een tijdsbestek van meer dan 30 jaar. De Sunday Times in Londen heeft hem omschreven als 'een van de 1000 mensen die de twintigste eeuw hebben vormgegeven', terwijl de Amerikaanse auteur Tom Robbins hem 'de gevaarlijkste man sinds Jezus Christus' heeft genoemd. De Sunday Mid-Day (India) heeft Osho uitgeroepen tot een van de tien mensen die, naast Gandhi, Nehru en Boeddha, die de toekomst van India hebben veranderd.

Zelf zei Osho over zijn werk, dat hij meehelpt de omstandigheden voor te bereiden voor de geboorte van een nieuwe mens. Vaak heeft hij deze nieuwe mens omschreven als een 'Zorba de Boeddha', die in staat is zowel van aardse geneugten te genieten zoals Zorba de Griek, als van de serene stilte van Gautama de Boeddha.

De rode draad door Osho's werk is een visie die zowel de tijdloze wijsheid van het Oosten omvat, als de hoogste vlucht van westerse wetenschap en technologie. Ook is Osho bekend om zijn revolutionaire bijdrage aan de wetenschap van innerlijke transformatie, met een visie op meditatie die past bij het hoge tempo van het hedendaagse leven. Zijn unieke 'Actieve Osho Meditaties' zijn zo ontworpen, dat eerst de opgehoopte stress van lichaam en mind worden opgeruimd, waarna het eenvoudiger wordt de ontspannen en gedachtevrije toestand van meditatie te ervaren.

Zie ook:
Meditatie – de eerste en de laatste vrijheid
Autobiography of a Spiritually Incorrect Mystic
Glimpses of a Golden Childhood

Het Osho International Meditation Resort

Locatie: Gelegen op ongeveer 180 km zuidoost van Mumbai, in de levendige moderne stad Pune in India, is het OSHO International Meditation Resort een bestemming voor een wat andere vakantie. Het Meditation Resort beslaat meer dan 16 hectare weelderig aangelegde tuinen in een villawijk vol majestueuze bomen.

Uniek: Ieder jaar ontvangt het Resort duizenden bezoekers uit meer dan honderd landen ter wereld. De unieke campus biedt de gelegenheid om een directe persoonlijke ervaring te krijgen van een nieuwe manier van leven – meer ontspannen en met een grotere oplettendheid, creativiteit en plezier, waarvoor er, de klok rond en het hele jaar door, een grote verscheidenheid aan programma's beschikbaar zijn. Gewoon niets doen en ontspannen is daar een van! Alle programma's gaan uit van de Osho visie op een "Zorba de Boeddha" – een kwalitatief nieuwe mens die zowel in staat is creatief aan het dagelijkse leven deel te nemen, als te ontspannen in stilte en meditatie.

Meditaties: Dagelijks is een uitgebreid meditatieprogramma beschikbaar met mogelijkheden voor iedere individuele smaak en karakter, inclusief zowel actieve als passieve technieken, traditioneel of revolutionair, en vooral de OSHO Actieve Meditaties ™. De meditaties worden gehouden in wat wel de grootste meditatiehal ter wereld kan zijn, het Osho Auditorium.

Multiversity: Individuele sessies, cursussen en workshops bieden praktisch het hele scala van artistieke kunsten, via holistische geneeskunde, persoonlijke transformatie, relaties en stervensbegeleiding, via persoonlijke transformatie en "werk-als-meditatie" en/of occulte wetenschappen, tot de zenaanpak van sport en recreatie. Het geheim van het succes van de Multiversity ligt daarin, dat alle programma's worden gecombineerd met meditaties, waardoor er een gevoel voor ontstaat dat we als mens veel meer zijn dan de som van de delen.

Basho Spa: Het luxueuze Basho Spa biedt een ontspannen sfeer met een openlucht zwembad omzoomt door bomen en tropische planten en struiken. De prachtige ruime jacuzzi, de sauna's, de gymzaal en de tennisvelden liggen alle in een overweldigende tuinarchitectuur.

Cuisine: In een verscheidenheid aan eetgelegenheden wordt een keuze aangeboden tussen overheerlijk eten uit de westerse of oosterse of Indiase vegetarische keuken, waarbij verreweg de meeste ingrediënten speciaal voor het Meditation Resort biologisch verbouwd worden. Brood en gebak komen uit de eigen bakkerij van het Resort.

Nachtleven: 's Avonds zijn er verschillende programma's, waarbij dansen wel het meest populaire is. Maar ook vollemaansmeditatie, meditaties onder de sterrenhemel, shows, muziekvoorstellingen en meditatietechnieken voor in het dagelijks leven. Of gewoon oude en nieuwe vrienden ontmoeten bij het Plaza Café, of te genieten van een wandeling over de paden van deze sprookjesachtige plek.

Voorzieningen: Alle dagelijkse benodigdheden zijn te verkrijgen in de Galeria, terwijl de Multimedia Galery een grote keuze aan

Osho media artikelen biedt. Er is ook een bank, een reisbureau en een internetcafé. En voor wie eens lekker uit shoppen wil, biedt Pune alle mogelijkheid, van traditionele Indiase artikelen tot merkenwinkels van alle grote modenamen.

Accommodatie: Men kan ervoor kiezen om een stijlvolle kamer te nemen in het eigen vijfsterren Osho Guesthouse, of voor een langer verblijf een keuze maken uit de verschillende living-in programma's. Daarnaast is er een ruime keus aan hotels en (service) appartementen in de directe omgeving.

Voor verdere informatie, ga naar
www.osho.com/meditationresort

Meer boeken...

Vrij Zijn in het hier & nu
Vrij zijn is het doel, meditatie het middel,
Tantra, spiritualiteit en seks
Vrijheid – de moed jezelf te zijn
Allereerst zijn en dan verliefd samenzijn
Emoties – *vrij van angst, woede en jaloezie*
Leven Liefde Lachen – *het kleine abc van levenslust*
Kinderen en ouders
Meditatie – de eerste en de laatste vrijheid
het nieuwe Osho meditatie handboek
Osho Zen Tarot
het transcendentale zenspel

Tarot wordt van oudsher gebruikt om ons verlangen te bevredigen naar begrip van het verleden, of om de toekomst te voorspellen. Het Osho Zen Tarot richt zich erop een inzicht te geven in het hier-en-nu, en is gebaseerd op de wijsheid van zen.

Catalogi van boeken van Osho, en van meditatiemuziek zijn
verkrijgbaar bij:

Osho Publikaties
tel. +31 (0)315-654 737
www.osho.nl, www.zentarot.nl

Neem voor verdere informatie over Osho contact op met het
Osho International Meditation Resort
17, Koregaon Park
Pune 411 001 (MS)
India

www.osho.com
is een uitgebreide meertalige website waarop o.a. een magazine
te vinden is, Osho boeken, Osho TALKS in audio en video
formats, het Osho Library tekstarchief in het Engels en het Hindi,
en uitvoerige informatie over Osho meditaties. Daarnaast het
programma van de Osho Multiversity en verdere informatie over
het Osho International Meditation Resort.
Verdere websites:
http://OSHO.com/allaboutosho
http://OSHO.com/resort
http://OSHO.com/magazine
http://OSHO.com/shop
http://www.youtube.com/OSHO
http://www.oshobytes.blogspot.com
http://www.Twitter.com/OSHOtimes
http://www.facebook.com/pages/OSHO.International
http://www.flickr.com/photos/oshointernational
voor **Osho International Foundation:**
www.osho.com/oshointernational,
oshointernational@oshointernational.com**www.osho.com**